KIERKEGAARD ET LA THEORIE DES STADES SUR LE CHEMIN DE LA VIE

René DAVAL

© **René Daval**

Éditions Sapientia Hominis, Reims, 2019
http://www.sapientia-hominis.org

Tous droits réservés

ISBN : 978-2-9500182-3-6

Suivi d'édition : Lisa Schneider
Correctrice : Émilie Choupin
Graphisme de couverture : Jacques Lombard
Mise en page : Pierre Frath

SOMMAIRE

Sommaire 7

Introduction 9

Chapitre I : Le stade esthétique 13

Chapitre II : Le stade éthique 31

Chapitre III : Aux confins de l'éthique et de l'esthétique . 41

Chapitre IV : Abraham et la suspension de l'éthique 45

Chapitre V : Job et la répétition 55

Chapitre VI : Foi et angoisse 59

Chapitre VII : Articulations entre le stade éthique et le stade religieux 73

Chapitre VIII : Kierkegaard et les entreprises de démythologisation 83

Chapitre IX : Savoir et existence..91

Conclusion..105

Bibliographie..109

INTRODUCTION

Le dix-neuvième siècle est celui des penseurs du système :
les idéalistes allemands, Marx et ses disciples, Auguste Comte,
Spencer, pour ne citer qu'eux. Deux grands philosophes
s'opposent à cette façon de concevoir la philosophie :
Kierkegaard et Nietzsche. Ils ont joué un grand rôle dans
l'avènement de la pensée du vingtième siècle. Et ont exercé une
influence considérable sur les philosophes, théoriciens des
sciences humaines et écrivains, penseurs, essayistes et hommes
de lettres. Pour en rester à Kierkegaard, on en a fait avec
Heidegger et Sartre un précurseur de l'existentialisme, tandis
que Wittgenstein estimait qu'il était le seul penseur à avoir parlé
avec enthousiasme en son temps de « la véritable passion [1] ».
Kierkegaard a écrit sur tous les grands sujets philosophiques :
le système, la vérité, l'existence, l'homme, Dieu, l'angoisse, le
désespoir, l'espérance, l'amour, le mariage, le sacrifice, la
répétition, le paradoxe. Il est l'auteur d'une réflexion sur les
diverses modalités de l'existence humaine, qu'il nomme « les
stades de l'existence ».

---

1. Ludwig Wittgenstein, Paul Engelmann, *Lettres, rencontres, souvenirs*,
sous la direction d'Ilse Somavilla, traduction François Latraverse, Paris,
éditions de l'Éclat, 2010.

Mais qui était Kierkegaard ? Né au Danemark en 1813, le septième et dernier enfant de Michael Pedersen Kierkegaard, paysan qui avait fait fortune, il passera toute sa vie à Copenhague et voyagera peu, si l'on excepte quelques séjours à Berlin, notamment pour assister aux cours de Schelling. En 1830, il obtient son immatriculation à l'université de Copenhague. En 1837, il rencontre Régine Olsen, qui sera le grand amour de sa vie et à qui il se fiancera avant de rompre ses fiançailles en 1841. En cette même année, il obtient son doctorat avec sa thèse sur *Le concept d'ironie*. Il part pour Berlin à la fin de cette année, avant de revenir à Copenhague en 1842. En 1843, il publie trois ouvrages majeurs : *L'Alternative, Crainte et Tremblement* et *La Répétition,* et des ouvrages religieux importants, deux *Discours édifiants*. 1844 voit paraître *Les Miettes philosophiques*, un de ses ouvrages les plus importants, et *Le Concept d'angoisse*. C'est une période d'intense activité philosophique et en 1845 paraissent *Les Stades sur le chemin de la vie*. L'année suivante est publié son chef-d'œuvre *Le Post-scriptum définitif et non scientifique aux Miettes philosophiques*. En 1847, il publie deux essais : *La Crise et Une crise dans la vie d'une actrice* et son ouvrage *Les Œuvres de l'amour,* suivi en 1849 de *Deux petits traités éthico-religieux* et de *La maladie jusqu'à la mort*. 1850 est l'année de *L'École du christianisme* tandis que 1851 est celle de *Sur mon activité d'écrivain*. Les dernières années de Kierkegaard voient sa polémique avec le journal satirique *Le Corsaire* enfler ; il publie en 1855, l'année même de sa mort, *L'Instant*.

Kierkegaard, on le voit, a sans doute plus écrit qu'il n'a vécu et il a d'ailleurs avoué dans les « Diapsalmata », première partie de *L'Alternative* : « Ma vie ressemble à une nuit éternelle ; quand un jour je mourrai, je pourrai dire avec Achille "Tu es accomplie, veille de nuit de mon existence" ». En dehors de *L'Alternative*, qui comprend le célèbre *Journal du séducteur*, ses livres n'ont pas connu le succès au Danemark de son vivant. En revanche, il a prononcé dans des églises certains de ses

Discours édifiants qui ont rencontré un écho chez certains de ses contemporains. L'œuvre a en revanche connu une grande vogue en Allemagne dans les années 1920, avec Heidegger et Adorno notamment, et en France avec le Sartre de *L'Être et le Néant* dans les années 1940 et 1950. La doctrine des stades que nous allons examiner dans notre ouvrage est une conception de la vie humaine qui veut que chaque homme peut vivre sa vie selon trois stades : le stade esthétique, c'est-à-dire celui où le plaisir et la sensation sont les guides de l'existence ; le stade éthique, où l'on essaie de vivre selon le devoir et en s'engageant dans des institutions et, pour ceux à qui Dieu donne sa grâce, le stade religieux qui est celui de l'amour pour Dieu et les humains et du sacrifice.

Philosophe de la croyance, de la passion et hostile aux systèmes, Kierkegaard, c'est une de nos thèses, est moins irrationaliste qu'il ne le paraît. Il est l'héritier de l'idéalisme allemand ; de Hegel, qu'il attaque souvent, mais qui l'a beaucoup influencé ; de Fichte à qui il reproche son abstraction mais dont il admire la volonté d'engagement dans l'action ; et de Schelling dont il loue la volonté de penser la réalité et de faire de la liberté le propre de l'homme. Hostile à la pensée de la religion des auteurs des Lumières, il admire cependant Lessing pour sa profondeur et son authenticité. Il pense, comme Kant, que la métaphysique est impossible et que l'on ne peut tenir un discours sur l'être, mais il reproche à Kant d'avoir fait de la morale le noyau de la religion. Kierkegaard est plus proche de Pascal – que cependant il cite peu – que de Kant. Nous reviendrons plus loin sur le rapport que l'on peut établir entre les deux philosophes. Kierkegaard critique la conception kantienne du mal radical et souligne : « Toute représentation du mal radical est un mythe. Le mal ne peut être maîtrisé par la pensée et est placé en dehors d'elle et livré à l'imagination [2] ».

---

2. Texte cité par Jean Wahl, *Études kierkegaardiennes*, Paris, Vrin, 2002, p. 585.

Kierkegaard veut appeler ses contemporains qui se disent chrétiens à l'être vraiment, à le devenir. Ces discours édifiants veulent les exhorter à écouter la parole du Christ et à la mettre en pratique, pendant que ses ouvrages – plus philosophiques que théologiques – veulent montrer l'inanité des efforts métaphysiques pour penser l'éternel et le divin. Il veut montrer la vie de l'homme dans la douleur, l'angoisse ou le désespoir, mais aussi dans la joie et l'espérance, et appeler l'être humain à l'union avec Dieu ainsi qu'à l'amour des autres. Je vais étudier successivement la présentation des trois stades et des phases intermédiaires entre ceux-ci, passages où la pensée de Kierkegaard, selon moi, donne son meilleur, avant de terminer sur les relations entre le savoir et l'existence, qui nous montrent que c'est le choix de vie qui importe, plus que la recherche intellectuelle de la vérité.

CHAPITRE I

LE STADE ESTHETIQUE

C'est le stade de la mélancolie, que Kierkegaard appelle « sa plus fidèle compagne ». Dans le *Journal* on peut lire : « J'ai dans cette mélancolie aimé le monde, car j'ai aimé cette mélancolie ». La subjectivité, cependant, est indissociable du secret, et seul Dieu connaît le secret des cœurs. Comme le dit le *Journal* de 1846 : « Sur ce qui constitue d'une façon totale et essentielle, de la façon la plus intime mon existence, je ne puis pas parler ». On sait d'ailleurs qu'il signe son œuvre de pseudonymes, si l'on en excepte les *Discours édifiants* et les *Discours chrétiens* et qu'il a souvent insisté sur le fait qu'il ne fallait pas le confondre avec ses pseudonymes. Mais se pose alors une question : comment peut-on parler de l'existence, si l'existant lui-même demeure un secret, accessible à Dieu seul ? Si l'existant est unique, et inaccessible à la connaissance intellectuelle, il n'en est pas de même de l'existence : il est en effet possible de distinguer plusieurs types d'existence, plusieurs formes de rapport à la vérité. Kierkegaard nomme ces formes des « étapes sur le chemin de la vie ».

Dans L'Alternative (1843), il caractérise ces étapes ou stades par la prédominance en eux de diverses tonalités affectives : mélancolie, angoisse, désespoir dans le stade esthétique ; amour et joie dans l'éthique, mais de et dans l'immanence, c'est-à-dire dans le monde du général ; élan vers le non-moi et l'éternité, espérance et amour de Dieu dans le stade religieux. Il reprendra ces thèmes dans les *Stades sur le chemin de la vie* (1845).

Ce qui oppose ces stades est d'abord leur rapport au temps. L'esthéticien vit dans l'instant – l'instant qui a un rapport au temps, et non celui qui incarne le rapport entre le temps et l'éternité, qui est l'instant au sens religieux. L'esthéticien ne peut de ce fait être une personne, une liberté, il n'est qu'une force de vie. L'homme de l'éthique, au contraire, développe un projet qui s'incarne dans un temps continu, et le religieux est l'extraordinaire qui obéit à Dieu hors du général et dans la singularité de sa subjectivité. L'homme de l'esthétique et celui de l'éthique peuvent être des génies, mais le religieux est un apôtre.

L'esthétique est d'abord plaisir, mais devient douleur. C'est ainsi que l'on peut lire dans les *Diapsalmata*, première partie de *L'Alternative* :

> Le vin ne réjouit plus mon cœur. Un peu de vin me rend triste ; beaucoup, mélancolique. Mon âme est languissante et sans forces ; j'enfonce vainement les éperons du plaisir en ses flancs ; elle n'en peut plus ; elle ne se cabre plus en son élan royal. J'ai perdu toute mon illusion [3].

Comme le précise Jean Brun dans son introduction de *L'Alternative* : « Les traductions grecques appellent

---

3. Søren Kierkegaard, *L'Alternative*, in *Œuvres complètes*, trad. Paul-Henri Tisseau et Else-Marie Jacquet-Tisseau, Paris, Éditions de l'Orante, 1966-1986, tome III, p. 42.

diapsalmata les intermèdes musicaux intercalés dans la lecture des psaumes faite à la Synagogue ».

L'homme de l'esthétique c'est-à-dire celui qui vit par les expériences sensorielles, vit dans la douleur, la tristesse, la mélancolie, et toutes les expériences de la vie sont pour lui équivalentes. Kierkegaard pense l'esthétique à la lumière du romantisme. Lisons un autre diapsalma :

> Qu'est-ce qu'un poète ? Un homme malheureux qui cache en son cœur de profonds tourments, mais dont les lèvres sont ainsi disposées que le soupir et le cri, en s'y répandant, produisent d'harmonieux accents. Il en est de lui comme des infortunés torturés à petit feu dans les flancs du taureau de Phalaris : leurs cris ne parvenaient pas aux oreilles du tyran dans un hurlement d'épouvante ; il les percevait comme une douce musique [4].

Précisons que Kierkegaard pense le poète à partir du poète romantique, d'où son insistance sur la douleur, l'incompréhension et la tristesse. Il est à noter que le grand dramaturge autrichien Franz Grillparzer définira aussi le poète romantique comme un homme malheureux et chargé de douleur. Le poète romantique, pour Kierkegaard, manie également l'ironie. Dans la dissertation *Le Concept d'ironie constamment rapporté à Socrate* [5], Kierkegaard décrit ainsi la poésie du grand romantique Ludwig Tieck :

> Il [Tieck] s'abandonne à une pétulance poétique, tout en la maintenant dans son indifférence à l'égard de la réalité. C'est seulement en dehors de cet abandon qu'il tend à faire le procès de la réalité, mais, même alors, il le fait de façon plus indirecte. Qu'une telle pétulance poétique débordant d'une ironie follement

---

4. Søren Kierkegaard, *L'Alternative*, op. cit., tome III, p. 17.
5. Søren Kierkegaard, *Le Concept d'ironie constamment rapporté à Socrate*, op. cit., tome II, p. 273.

exubérante ait une valeur légitime, personne ne songera à le contester [6].

Il y a plusieurs sortes d'ironie, et notamment celle de l'Antiquité, maniée par Socrate, et celle des temps modernes, incarnée par le romantisme. L'ironie romantique se moque de la réalité finie, le romantisme pense l'homme comme écartelé entre le fini et un infini qu'il vise, mais sans jamais l'atteindre. Il pense que l'imagination est la faculté humaine qui met l'individu en contact avec l'absolu, comme le disait aussi Fichte et comme l'affirmera Schelling. L'infini ne peut pas être atteint, même s'il est visé, ce qui plonge le romantique dans la mélancolie et le désespoir. L'ironie antique, quant à elle, ne se soucie pas des réalités sociales mais aide l'homme à trouver sa place dans le monde. Le stade esthétique est également décrit dans les *Stades sur les chemins de la vie* en rapport avec le stade éthique.

Dans *In Vino Veritas,* première partie des *Stades sur le chemin de la vie* (1845), Kierkegaard – ou plutôt son pseudonyme William Afham –, s'inspirant du *Banquet* de Platon, fait tenir aux protagonistes des discours sur l'amour vu tantôt du point de vue esthétique, et tantôt éthique. Victor Eremita, l'un des protagonistes, juge que la condition naturelle de la femme est si complexe qu'aucune épithète ne peut l'exprimer, et que seule une femme peut s'en accommoder [7]. Le malheur de la femme « est l'absurdité où le romantisme a réduit sa vie » : un instant la femme est tout, puis l'instant d'après, rien, le romantisme opposant, pour Kierkegaard, deux idées ou deux réalités. Mais comme le note Nelly Viallaneix [8], la

---

6. Søren Kierkegaard, *Le Concept d'ironie constamment rapporté à Socrate, op. cit.*, tome II, p. 273.
7. Søren Kierkegaard, *Stades sur le chemin de la vie*, in *Œuvres complètes, op. cit.*, tome IX, p. 53.
8. Nelly Viallaneix, « Kierkegaard et le romantisme », in *Romantisme*, n°8, 1974.

dialectique romantique vue par Kierkegaard ne connaît pas la médiation de la dialectique de Hegel. Sans qu'on sache ce qu'elle est vraiment, ce qui est le propre de l'être selon l'esthétique, la vie de la femme offre des contraires, comme la vie de l'esthète. L'homme doit être galant, ce qui requiert l'intervention de l'imagination. Pendant sa vie, la femme a des moments décisifs différents de ceux de l'homme, qui apportent chez elle un bouleversement total. Kierkegaard fait entrer en scène le grand écrivain romantique Ludwig Tieck qui, dans ses drames, montre un personnage d'abord roi en Orient, puis épicier au Danemark. C'est le fantastique de toute vie de femme. Ces différents états, sans liens les uns avec les autres, caractérisent le stade esthétique. La poésie glorifie la femme. La femme fait apparaître l'idéalité dans la vie. La femme inspire l'homme aussi longtemps qu'il ne la possède pas, comme le montrent les personnages de Don Juan et de Johannes le séducteur, l'auteur du *Journal du Séducteur*. La femme fait naître en l'homme la conscience de l'immortalité puisqu'il souhaite aimer celle qui l'a conquis pendant toute son existence.

L'esthétique est le moment du doute, de la suspension du jugement, du sentiment désespérant que la vie n'a aucun sens, et qu'aucun engagement ne mérite d'être vécu. C'est de cette manière que le romantisme la comprend. L'esthéticien ne peut sortir de son moi dans lequel il s'isole, et pourtant il n'est même pas un moi. On peut lire :

> On dit : le temps passe, la vie est un torrent, etc. Je ne m'en aperçois pas : le temps reste immobile, et moi aussi. Tous les plans d'avenir que j'ébauche reviennent tout droit sur moi ; quand je veux cracher, je me crache au visage [9].

L'esthéticien ne peut atteindre l'autre, et reste prisonnier de son moi, qu'il ne peut même construire. L'esthéticien romantique

---

9. Nelly Viallaneix, « Kierkegaard et le romantisme », *op. cit.*, p. 25.

est prisonnier d'un moi qu'il essaie de construire sans y parvenir. Le poète romantique – tel que l'entendent les romantiques de la première génération comme Novalis ou Tieck – cherche l'unité de la nature, mais ne parvient pas à la trouver ; C'est ainsi que Novalis écrit dans *Les Disciples à Saïs* :

> Celui, donc, qui veut connaître bien son âme, doit la chercher en compagnie du poète : c'est là qu'elle est ouverte et que s'épanche son cœur plein de merveilles. Mais celui qui ne l'aime pas du fond du cœur, ou celui qui ne s'efforce qu'à l'admirer et à apprendre pour savoir, il doit, celui-là, visiter assidûment ses hôpitaux et ses ossuaires [10].

L'esthétique est aussi le moment de l'inaction, du sentiment de vide que la vie apporte. Kierkegaard n'utilise pas le terme de « nihilisme » inventé par Jacobi qu'il admirait, mais c'est bien vers le nihilisme que conduit le stade esthétique. Lisons encore un diapsalma : « La vie m'est devenue un amer breuvage que je dois cependant absorber comme des gouttes, lentement, une à une, en comptant [11] ».

L'esthétique est fondamentalement angoisse, car le sujet se cherche lui-même à travers des expériences multiples, dans des moments privilégiés, mais sans continuité en eux-mêmes et les uns par rapport aux autres. L'esthéticien ne peut trouver son moi, car celui-ci se construit dans et par un temps continu, alors que le temps de l'esthétique est la discontinuité même. Quoi qu'il fasse, l'esthéticien ne trouvera que néant, désespoir, et suspension du jugement, tandis qu'il ne saura pas comment agir. C'est ce qu'exprime le fameux « Discours d'un extatique » dans les *Diapsalmata* :

---

10. Novalis, *Les Disciples à Saïs*, traduction Armel Guerne, Paris, Gallimard, 1975.
11. Søren Kierkegaard, *L'Alternative*, in *Œuvres complètes, op. cit.*, tome I p. 25.

Marie-toi, tu le regretteras ; ne te marie pas, tu le regretteras également ; marie-toi ou ne te marie pas, tu regretteras l'un et l'autre ; que tu te maries ou que tu n'en fasses rien, tu le regretteras dans les deux cas. Ris des folies du monde, tu le regretteras ; pleure sur elles, tu le regretteras également ; ris des folies du monde ou pleure sur elles, tu regretteras l'un et l'autre ; que tu ries des folies du monde, ou que tu pleures sur elles, tu le regretteras dans les deux cas... Pends-toi, tu le regretteras ; ne le fais pas, tu le regretteras également ; pends-toi ou non, tu regretteras l'un et l'autre ; que tu te pendes ou que tu n'en fasses rien, tu le regretteras dans les deux cas. Tel est, Messieurs, le résumé de tout l'art de vivre [12].

L'esthétique connaît ses « moments privilégiés », mais ceux-ci se vivent dans l'instant et disparaissent pour ne laisser place qu'à un ressouvenir mélancolique. L'esthéticien ne peut vivre la répétition créatrice et donc ne retrouve rien. C'est ce qui apparaît dans la première partie de *La Reprise* dans laquelle le jeune protégé de l'auteur du récit ne parvient pas à faire autre chose que répéter d'une manière inutile les événements de sa vie passée, sans parvenir à créer quoi que ce soit pour le futur. Sa vie l'enferme en lui-même comme l'était le séducteur du *Journal du séducteur*. La musique peut exprimer cette discontinuité des moments privilégiés, et l'écoute de l'opéra de Mozart Don Juan nous fait comprendre le rapport esthétique à la vie et à la vérité. Don Juan collectionne les conquêtes féminines, mais ne peut poser son moi, lui qui est multiplicité de moi. L'esthéticien, homme des possibles, ne peut inscrire son moi dans le sérieux du temps de l'éthique, ce temps que Kant puis Fichte ont si bien caractérisé et dont Hegel montre, dans *Les Principes de la philosophie* du droit, qu'il doit s'incarner dans des institutions. L'esthéticien vit, non dans la tristesse, mais bien par la tristesse. Il est celui qui peut dire :

---

12. Søren Kierkegaard, *L'Alternative*, in *Œuvres complètes*, *op. cit.*, tome III p. 39.

Ma tristesse est mon château fort dressé comme un nid d'aigle à la cime des monts parmi les nues ; personne ne peut l'assaillir [13].

Et encore :

Je vis comme un homme mort à ce monde. Tout ce qui a été vécu, je le plonge dans les eaux baptismales de l'oubli pour le consacrer à l'éternité du ressouvenir. Tout ce qui est d'ordre fini et accidentel tombe dans l'oubli et s'efface [14].

L'esthéticien ne peut se contenter du fini, mais l'infini reste pour lui un idéal inatteignable.

L'esthéticien ne connaît en définitive d'autre temps que le passé, ne vit que dans et par le souvenir. Il est, on l'a vu, l'homme de la mélancolie. Comme l'écrit Kierkegaard parlant de l'esthéticien et de lui-même :

Outre mes nombreuses autres relations, j'ai encore un confident intime – ma mélancolie ; suis-je en pleine joie, en plein travail, elle me fait signe, m'appelle à l'écart, bien que mon corps ne change pas de place. Ma mélancolie est l'amante la plus fidèle que j'aie connue ; quoi d'étonnant que je l'aime en retour [15] ?

L'esthéticien n'a pas d'angoisses ou d'anxiétés, il est angoisse et anxiété. Jean Wahl l'exprime admirablement : « L'esthéticien a l'espérance derrière soi et le souvenir devant soi [16] ». Dans une lettre à son ami Emil Boesen du 16 novembre 1841, Kierkegaard revient sur sa rupture avec Régine Olsen et oppose stades esthétique et éthique :

---

13. Søren Kierkegaard, *L'Alternative*, in *Œuvres complètes*, *op. cit.*, p.43.
14. *Ibid.*, p. 43.
15. *Ibid.*, p. 19.
16. Jean Wahl, *op. cit.*, p. 66.

Je peux inventer des fictions poétiques sur à peu près n'importe quel sujet, mais quand il est question de devoir, d'obligation, de responsabilité, de faute, et ainsi de suite, je ne peux ni ne veux voir les choses en poète [17].

Il analysera le devoir éthique notamment dans *Le Livre sur Adler*.

Le personnage de Don Juan, et surtout tel que Mozart l'exprime dans son opéra éponyme, est un des paradigmes du stade esthétique. Il est l'homme de la séduction, des conquêtes féminines, de la force d'éros, mais il n'est pas une personne, ni un caractère, car il est celui qui collectionne « les instants privilégiés », les conquêtes, mais qui ne poursuit pas un projet qui se réaliserait dans un temps continu. Il est une force de vie, mais il échappe totalement à l'éthique. Il est intéressant de comparer ce que dit ici Kierkegaard à la manière dont le poète autrichien Nicolas Lenau traitera du personnage dans son poème dramatique *Don Juan* commencé en 1844, un an après *L'Alternative*. Le Don Juan de Lenau est aussi une force de vie et est emporté par ses passions, mais il est également un personnage moral qui se préoccupe du sort de ses conquêtes et de l'avenir de celles-ci et de leurs enfants. Le Don Juan de Lenau est enfin habité par un fort amour de la nature ; il est possédé par une grande force naturelle et ne peut de ce fait être blâmé. Kierkegaard juge lui aussi que l'on ne peut condamner Don Juan ; cependant il n'est, pour le philosophe, pas un personnage moral, et par conséquent, il ne peut accepter la conclusion de Lenau qui donne une épaisseur morale à Don Juan parce qu'il se préoccupe des conséquences de ses actes.

Pour Kierkegaard, la musique est le médium adéquat pour exprimer l'histoire de Don Juan, et c'est le génie de Mozart de

---

17. Søren Kierkegaard, *Correspondance*, traduction, présentation et annotations Anne-Christine Habbard, Éditions des Syrtes, Paris, 2003, p.131.

l'avoir si bien compris. L'opéra de Mozart relève de « l'éros immédiat ». Kierkegaard souligne que c'est le christianisme qui a introduit la sensualité dans le monde. Comme il l'écrit : « En posant une chose de façon indirecte, on pose aussi l'autre que l'on exclut [18] ». Le christianisme veut nier la sensualité, mais celle-ci est posée par l'acte qui l'exclut. En posant la spiritualité, élément positif, le christianisme pose son opposé, la sensualité, élément négatif. En excluant du monde la sensualité, le christianisme l'a aussi posée comme force, comme système en soi. L'idée de Don Juan exprime cette force, ce principe. Le christianisme est esprit, et la sensualité étant envisagée sous la détermination d'esprit, elle est vouée à l'exclusion, mais ce destin la détermine comme force. Dans le monde grec, la sensualité était maîtrisée dans l'individualité harmonieuse, et n'était pas un ennemi à abattre. La sensualité n'était pas posée comme principe. Le personnage de Don Juan vu par Kierkegaard pose ainsi l'éros sensuel comme principe.

Dans *In Vino Veritas,* de même, Victor Eremita, pseudonyme choisi par Kierkegaard, oppose le séducteur et l'homme marié [19]. Dans le *Journal du Séducteur,* dernier chapitre de la première partie de *L'Alternative,* dans lequel le personnage principal est l'archétype de l'homme de l'esthétique, du Don Juan, l'esthéticien A qui est censé avoir retrouvé les papiers du séducteur s'écrie : « Cet homme s'est proposé et s'est efforcé de réaliser en sa vie l'existence poétique [20] ». L'angoisse saisit le lecteur du *Journal.* La vie du séducteur est vouée à la jouissance, mais pas uniquement à la jouissance sensuelle, car il jouit aussi de sa réflexion poétique.

---

18. Søren Kierkegaard, *Correspondance, op. cit.,* p. 60.
19. Søren Kierkegaard, *Stades sur le chemin de la vie,* in *Œuvres complètes, op. cit.,* tome IX pp. 53-62.
20. Søren Kierkegaard, *L'Alternative,* in *Œuvres complètes, op. cit.,* tome III, p. 286.

Le séducteur « jouit esthétiquement de sa personnalité [21] ». Il y a une jouissance esthétique qui n'est pas seulement sensuelle, mais qui peut être une jouissance de la pensée, comme il y a une jouissance éthique, qui est celle du devoir accompli. La jouissance religieuse, quant à elle, naît de la conscience du paradoxe, et de la certitude d'être aimé par Dieu, malgré la finitude du croyant et son péché.

Le séducteur vit dans l'ambiguïté et ne vit pas dans la réalité, mais est désarmé devant elle, ce qui constitue son mal. Il laisse dans l'indécision la jeune fille qu'il séduit, qu'il veut entraîner dans un amour malheureux. La jeune fille est plongée dans l'angoisse par l'attitude du séducteur. La vie du séducteur est trop intellectuelle pour qu'il soit un séducteur au sens vulgaire. Les êtres ne sont pour lui qu'un stimulant, il égare les autres en eux-mêmes. Le séducteur ne peut d'ailleurs lui-même que s'égarer en lui-même et il ne trouve qu'angoisse et désespoir. On ne peut parler à son sujet d'éveil de la conscience morale, car cette catégorie relève de l'éthique, or le séducteur vit dans l'esthétique. La jeune fille ne peut trouver la paix, car elle est à l'origine de la rupture, bien que celle-ci lui ait été suggérée par le séducteur lui-même. La jeune fille est dans le ressouvenir dans lequel elle revit les moments de bonheur mais d'une manière totalement stérile et vit dans un sentiment esthétique pour le séducteur.

Séducteur et jeune fille séduite vivent dans le rêve et non pas dans la réalité, pour eux, tout n'est qu'illusion. On sait l'importance du thème du rêve dans le romantisme [22] et Kierkegaard avait lu *La Symbolique du rêve* du philosophe disciple de Schelling, Schubert, ainsi que Novalis, tandis que le dramaturge Kleist fait jouer au rêve un rôle déterminant dans toutes ses pièces.

---

21. Søren Kierkegaard, *L'Alternative*, in *Œuvres complètes, op. cit.*, tome III, p. 287.
22. On peut consulter le livre d'Albert Béguin : *L'Âme romantique et le rêve,* Le Livre de poche, Paris, 1991.

Carus, médecin, peintre et psychologue insistera sur l'inconscient, ce dont se souviendra au début du vingtième siècle Carl Gustav Jung. Mais pour Kierkegaard, le rêve enferme le sujet en lui-même et le détourne de la réalité extérieure. Le séducteur se refuse à tout engagement moral :

> L'éthique est aussi ennuyeuse dans la vie qu'en philosophie. Quelle différence : sous le ciel de l'esthétique, tout est léger, beau, fugace ; mais quand l'éthique intervient, tout se durcit, devient épineux et mortellement, ennuyeux [23].

L'esthéticien, lui, recherche l'intéressant qui est, comme Kierkegaard le dit dans *Crainte et Tremblement*, « la catégorie du tournant critique [...] une catégorie limite, aux confins de l'esthétique et de l'éthique [24] ». Sa vie est tout entière ironie, et non promesse ou engagement. L'esthéticien vit dans l'ironie, comme le romantique, et son rapport aux autres est marqué par celle-ci et n'est que manipulation préméditée et pensée. Le séducteur conduit Cordélia à se fiancer, puis à rompre ses fiançailles : il ne vit que dans l'instant intéressant et refuse de s'engager dans un temps continu. Son ironie masque le réel, mais respecte la vérité. L'humour, que Kierkegaard oppose à l'ironie, se trouve aux frontières de l'éthique et du religieux. Socrate est le caractère principal pour comprendre l'ironie, mais celle de l'Antiquité et non celle du romantisme, tandis que Jean Paul (1763-1825) et J. G. Hamann (1730-1788) sont les représentants de l'humour : ils insistent sur la futilité du monde que nous connaissons et son non-être que l'on doit opposer à l'être même de Dieu. Socrate met son interlocuteur en face de ses difficultés, de son faux savoir, de sa recherche de la vérité,

---

23. Søren Kierkegaard, *L'Alternative*, in *Œuvres complètes, op. cit.*, tome III, p. 343.
24. Søren Kierkegaard, *Crainte et Tremblement,* in *Œuvres complètes, op. cit.*, tome V, p. 172.

24

tandis que l'ironiste romantique, comme le jeune homme de *La Reprise* ou le séducteur du *Journal du séducteur* fait jouer un rôle majeur au sujet pensant et essaie de se faire le créateur de son propre monde. Dans la deuxième partie de sa thèse, Kierkegaard étudie l'ironie moderne de Schlegel (1772-1829), et celles de Tieck (1773-1853) ainsi que celle de Solger (1780-1819). L'ironiste moderne est l'homme de l'irréalité, de la vie dans l'intériorité, et il est incapable de penser l'objectivité. Confondant Kierkegaard et la figure du romantisme qu'il analyse à travers ses pseudonymes, Adorno reprochera à la philosophie de Kierkegaard de rester dans l'idéalisme qu'elle achève et d'être incapable de se donner un objet, restant dans une subjectivité « bourgeoise ».

La tragédie, aussi bien ancienne que moderne, exprime la vie que mènent les individus qui vivent le stade esthétique. Aristote, note Kierkegaard, donne comme sources de l'action dans la tragédie deux choses : le raisonnement et le caractère. Aristote juge aussi que l'essentiel est le but, et que les individus ne représentent pas des caractères, mais agissent uniquement pour les besoins de l'action. Dans la tragédie ancienne, l'action n'est pas assez subjectivement réfléchie, mais comporte aussi du pâtir. L'action comporte un moment épique. Le monde ancien ignore la subjectivité réfléchie en soi. L'individu a la liberté de ses mouvements, mais relève de déterminations substantielles – comme dit Kierkegaard avec un vocabulaire hégélien – comme l'État, la famille, le destin. La tragédie grecque fait jouer un grand rôle à la fatalité. Ainsi, il note : « La chute du héros n'y est donc pas la simple conséquence de son action : elle est en même temps un pâtir, alors que dans la tragédie moderne, elle, est un agir et non un pâtir [25] », ce que montrent les tragédies de Shakespeare ou celles de Lord Byron, que Kierkegaard connaissait.

---

25. Søren Kierkegaard, *Crainte et Tremblement*, in *Œuvres complètes, op. cit.*, tome V, p. 135.

La tragédie moderne envisage un moment précis de la vie du héros comme son acte propre. Le héros dépend de ses actes. Pour Aristote, au contraire, le héros tragique est entaché d'erreur. La faute du héros antique est intermédiaire entre l'agir et le pâtir. Dans la tragédie moderne, la faute n'est pas une erreur, mais revêt un caractère éthique. Il ne faut pas, contrairement à ce que fait l'époque actuelle, juge Kierkegaard, transformer la fatalité en subjectivité, car alors on n'est plus dans le champ de l'esthétique, mais de l'éthique. Dans le monde moderne, le mal devient l'objet propre de la tragédie, mais il n'offre aucun intérêt pour l'esthétique, et le péché n'est pas une donnée de l'esthétique, mais bien du stade religieux [26]. Dans notre monde moderne, on rend l'individu responsable de sa vie, et c'est pourquoi la tragédie moderne se transforme en réflexion éthique. C'est ce que l'on a vu avec le poème *Don Juan* de l'Autrichien Nicolas Lenau. Notre époque « perd le tragique, [et] y gagne le désespoir [27] ».

L'éthique est sévère, mais l'esthétique a une parole pour atténuer la douleur du coupable. Il y a dans le tragique ancien une forte mélancolie, mais qui reste douce. Dans la tragédie antique, la tristesse est profonde, et la douleur moindre, dans la tragédie moderne, la douleur est plus grande, et la tristesse moindre. La douleur est d'autant plus grande que l'idée de faute va en s'accentuant. L'élément de la tragédie ancienne est la tristesse, tonalité affective de l'esthétique. Dans la tragédie moderne, le héros souffre en raison de la conscience de sa faute. Dans l'époque moderne, l'individu est abandonné à lui-même, dans son isolement. Et livré seul face à sa culpabilité et à son péché.

---

26. Søren Kierkegaard, *Crainte et Tremblement,* in *Œuvres complètes, op. cit.,* tome V, p. 136.
27. *Ibid.,* p. 137.

Dans *Le Concept d'angoisse*, comme le remarque Bollnow dans son livre *Les Tonalités affectives* [28], Kierkegaard note que dans l'angoisse, l'homme voit se briser tous les liens qu'il entretient d'habitude avec les autres : il n'est plus relié à l'État, à la famille, à sa génération. *L'Alternative* insiste :

> La tristesse suit un mouvement opposé à celui de la douleur ; pour ne pas altérer le fait par un jeu de conséquences logiques – et j'obvierai à ce danger d'une autre manière encore –, on peut dire : plus l'innocence est grande, plus aussi la tristesse est profonde [29].

La faute tragique est faute héréditaire. C'est le sujet des pièces de Sophocle *Œdipe à Colonne*, *Œdipe roi* et *Antigone*. Il y a une contradiction dans la faute héréditaire : elle est faute et elle ne l'est pas. La colère des dieux en Grèce a l'ambiguïté de l'esthétique et n'a pas de caractère éthique. Le héros de la tragédie grecque vit dans l'objectivité : celle de sa famille, de son État, du destin. Le héros de la tragédie moderne, quant à lui, est dans la subjectivité et, ce faisant, son règne est aux confins du stade éthique. Kierkegaard juge que :

> La douleur du héros [antique] se distingue de la douleur réfléchie proprement dite qui désire toujours demeurer seule avec elle-même et cherche en cette solitude un nouveau motif de douleur [30].

La faute tragique n'est pas la faute morale car elle comporte une part d'innocence. Kierkegaard va donner à l'héroïne de Sophocle, Antigone « fille de la tristesse », « la dot de la douleur [31] ».

---

28. Otto F. Bollnow, *Les Tonalités affectives,* traduction Lydia et Raymond Savioz, Neuchâtel, La Baconnière, 1953.
29. Søren Kierkegaard, *L'Alternative*, in *Œuvres complètes, op. cit.*, tome III, p. 141.
30. *Ibid.*, p. 143.
31. *Ibid.*, p. 145.

En réfléchissant sur Antigone, Kierkegaard réfléchit aussi sur lui-même, s'identifiant à elle, et pensant être victime d'une malédiction familiale. Antigone, comme la voit le philosophe danois, oscille entre la culpabilité et l'innocence. La famille de Labdakos, grand-père d'Œdipe, est victime de l'acharnement des dieux qui sont en colère : Œdipe a tué le sphinx, délivré Thèbes, tué son père et épousé sa mère, et Antigone est née de ce mariage. Kierkegaard modifie les données de la tragédie : Œdipe, après avoir tué le sphinx et délivré Thèbes, est admiré et heureux dans son mariage. Le reste de son histoire demeure caché aux yeux des humains. Antigone est la seule à connaître le secret de son père. La certitude de ce savoir a plongé Antigone dans l'angoisse et l'a donc isolée de ses semblables. Pour bien comprendre ce qu'écrit Kierkegaard, il faut se rappeler qu'il estimait sa famille victime d'une malédiction, liée à une faute de son père [32], dont il avait eu connaissance. Le héros tragique dont il analyse les tourments, c'est aussi lui-même, héros d'une tragédie à la fois antique et moderne, aux confins de l'esthétique et de l'éthique. L'angoisse est une tonalité affective de la tragédie moderne, car elle est le produit de la réflexion. Le sujet s'assimile à la tristesse en éprouvant l'angoisse. Celle-ci est le produit d'une réflexion sur le temps : on n'est pas angoissé par le présent, mais par le passé ou l'avenir. La tristesse grecque, elle, concerne le présent. Ainsi, Hamlet est d'abord un personnage tragique car il soupçonne le crime de sa mère. Dans la pièce de Sophocle, le destin d'Œdipe produit une grande tristesse sur toute la famille, mais Antigone elle-même passe sa vie dans l'insouciance. La faute tragique porte sur le fait qu'Antigone a enterré son frère malgré l'interdiction du roi.

Le sujet de la tragédie grecque n'est pas le conflit entre l'amour et la piété d'une sœur et une interdiction humaine, sujet tout moderne. Le sujet de la tragédie grecque est que, dans la

---

32. Celui-ci aurait maudit Dieu dans la lande danoise.

mort du frère et l'interdiction de l'enterrer proférée par le roi, on trouve l'écho du destin infortuné d'Œdipe. Ce destin, tous les membres de la famille le subissent à leur tour. Ce n'est pas une personne qui va mourir avec Antigone, mais tout un monde. Kierkegaard souligne la part de la fatalité dans le destin d'Antigone :

> Quand donc, malgré l'interdiction du roi, Antigone décide d'enterrer son frère, nous voyons dans sa résolution moins un acte libre que l'œuvre fatale de la nécessité qui punit l'iniquité des pères sur les enfants [33].

La nécessité du destin domine la liberté d'Antigone. Notre Antigone, note Kierkegaard, à la différence de l'Antigone grecque, voit sa vie terminée dans ce qu'elle a d'essentiel. La vie de l'Antigone moderne n'est pas tournée vers le dehors, mais vers le dedans. La vie véritable de l'Antigone moderne se déroule dans le secret. L'Antigone moderne est l'épouse de la tristesse. Elle se réjouit de connaître le secret de la faute de son père, car si cela n'avait pas été le cas, aucune larme n'aurait été versée sur cette faute. L'Antigone moderne est grandie par la douleur. Le philosophe danois imagine que l'Antigone moderne aime d'un amour profond. Mais, avec la douleur qui est la sienne, peut-elle appartenir à celui qu'elle aime ? Antigone doit sacrifier son amour à son secret. Elle vit dans un stade intermédiaire entre l'esthétique et l'éthique : elle vit dans le secret de son intériorité, ce qui est une caractéristique éthique, mais est partiellement innocente, ce qui est un trait des héros esthétiques. Kierkegaard souligne le besoin de récollection qui est présent chez tous les êtres humains, mais insiste sur le fait que l'esthétique échoue à satisfaire ce besoin puisqu'elle condamne au désespoir. Seule la référence à Dieu peut satisfaire ce besoin. Comme l'exprimait Bossuet dans un de ses sermons :

---

33. Søren Kierkegaard, *L'Alternative*, in *Œuvres complètes*, *op. cit.*, tome III, p. 148.

« Il faut être libre de toute inquiétude, de toute passion forte ; en un mot, il faut un silence et une récollection parfaite pour entendre intérieurement la voix de Dieu ». Dans son essai *L'Homme égocentré et la Mystique*, le philosophe allemand Ernst Tugendhat juge que l'affirmation de Kierkegaard est peut-être trop spécifique, et que la réponse au besoin de récollection ne peut être trouvée que dans quelque chose qui est « religieux au sens large », qui n'est « pas de ce monde ». Tugendhat ajoute que le besoin de se récollecter renvoie à quelque chose de transcendant dans un sens vague. Pour lui, on ne peut se comprendre par référence à quelque chose qui est de ce monde, et sur ce point il est d'accord avec Kierkegaard : on ne peut se comprendre simplement en référence à soi [34]. En ce sens, il y a bien une mystique chez le philosophe danois : il faut faire taire le soi et se référer à la transcendance.

Il y a des intermédiaires entre l'esthétique et l'éthique, comme il y en a entre l'éthique et le religieux. Nous allons étudier le passage de l'esthétique à l'éthique et ce qui caractérise la vie selon l'éthique.

---

34. Ernst Tugendhat, *L'Homme égocentré et la Mystique,* traduction et présentation Jean-Marc Tétaz, Paris, Éditions de la Maison des sciences de l'homme, 2010.

CHAPITRE II

LE STADE ETHIQUE

Le stade éthique, au contraire du stade esthétique, est celui de la fidélité à soi-même, de la réaffirmation, de la prise en compte de la continuité du temps. C'est le stade de la vérité de la décision, et du sérieux. Dans le *Post-scriptum définitif et non scientifique aux Miettes philosophiques* [35] on peut lire : « L'éthique, en tant qu'absolu, a une valeur intrinsèque infinie ». Dans le tome II de *L'Alternative*, dans une dissertation intitulée *L'Équilibre de l'esthétique et de l'éthique dans la formation de la personnalité*, Kierkegaard écrit :

> Le choix même a une influence décisive sur la substance de la personnalité qui, en l'effectuant, plonge en la chose pour laquelle elle opte ; et si elle omet de choisir, elle se dessèche et dépérit [36].

---

35. Søren Kierkegaard, *Post-scriptum définitif et non scientifique aux Miettes philosophiques*, in *Œuvres complètes*, *op. cit.*, tome X, volume 1, p. 134.
36. Søren Kierkegaard, *L'Alternative*, in *Œuvres complètes*, *op. cit.*, tome IV, p. 148.

Là où la vie de l'esthéticien empêche le choix, celle de l'éthicien connaît en vérité le sérieux, l'instant du choix. Par celui-ci, « l'homme ne devient pas autre qu'il n'était auparavant, il devient lui-même, sa conscience se rassemble, et il est lui-même [37] ». La formule de Pindare « Deviens ce que tu es » prend sens et vérité par le stade éthique, où l'on se choisit soi-même. Toute conception esthétique de la vie est désespoir, car elle se fonde sur ce qui peut à la fois être et ne pas être. L'éthique, au contraire, « fonde la vie sur ce qui relève essentiellement de l'être [38] ». L'éthique, comme le disait Hegel, se rattache au substantiel. Kierkegaard pourrait souscrire ici à ce passage de Fichte, tiré de *La Destination de l'Homme* :

> Ta destination n'est pas simplement de savoir, mais d'agir selon ton savoir. Voilà ce que dit la voix qui retentit haut et fort au plus profond de mon âme, dès que je reprends mes esprits et suis, ne serait-ce qu'un instant, attentif à moi-même. Non, ce n'est point pour te contempler et t'observer oisivement ni pour méditer sur de pieux sentiments que tu es là, mais pour l'action. C'est ton action, et ton action seule, qui détermine ta valeur [39].

L'éthique s'exprime par l'action et non uniquement par la réflexion.

L'esthétique est le stade de l'immédiat, l'éthique celui de la médiation, du travail, du devoir, de l'engagement. Le mariage est le symbole du stade éthique et, dans son ouvrage de 1845, les *Stades sur le chemin de la vie*, dans la dissertation *Divers Propos sur le mariage en réponse à des objections par un époux*, on trouve le jugement suivant :

---

37. Søren Kierkegaard, *L'Alternative,* in *Œuvres complètes, op. cit.*, tome IV, p. 161.
38. *Ibid.*, p. 202.
39. Johann G. Fichte, *La Destination de l'Homme,* traduction Jean-Christophe Goddard, Paris, G.F., 1995, p. 152.

Le mariage est toujours le plus important voyage de découverte que l'on puisse entreprendre ; toute autre connaissance des choses est superficielle, comparée à celle que possède un époux ; lui, et lui seul, en effet, approfondit correctement la réalité de la vie [40].

L'analyse que propose Kierkegaard du mariage est très différente de celle que l'on trouve dans le livre de l'humoriste qu'il admirait, Jean Paul, et son *Éloge de la bêtise*. Là où celui-ci se gausse des mœurs des femmes mariées et de l'adoration que leur mari leur porte, Kierkegaard loue le choix que représente le mariage et le risque qu'il comporte. Mais c'est que leurs intentions sont très différentes : là où le philosophe danois oppose les stades de la vie, le choix que l'on fait de soi-même, l'humoriste allemand croque avec caricature les mœurs de son temps et se moque de tous les états de l'être humain dans la société de son temps. Jean Paul est un ironiste romantique, Kierkegaard, le philosophe des stades de la vie.

Il faut effectuer un saut pour passer du stade esthétique au stade éthique, pour passer de l'envoûtement romantique pour l'être aimé à la décision de l'épouser.

L'éthique est le lieu de la vérité de la liberté. Kierkegaard pense, comme Friedrich Schelling – auteur en 1809 des *Recherches philosophiques sur l'essence de la liberté humaine* –, que la volonté est libre et caractéristique de l'être spirituel, tandis que la nature est le règne de la nécessité. Opposant une fois encore éthique et esthétique, Kierkegaard juge dans le *Post-scriptum définitif et non scientifique aux Miettes Philosophique* :

Pour l'éthique, le pathos suprême est celui de l'intérêt (manifesté par le fait qu'en agissant je transforme toute mon existence selon

---

40. Søren Kierkegaard, *Stades sur le chemin de la vie,* in *Œuvres complètes, op. cit.*, tome IX, p. 85.

l'objet de mon intérêt) ; pour l'esthétique, le pathos suprême est celui du désintéressement [41].

Il y a lieu de distinguer l'enthousiasme esthétique et l'enthousiasme éthique : le premier se caractérise par le fait que l'individu s'avilit pour saisir quelque chose de grand tandis que le second renonce à tout pour se sauver lui-même [42]. Le temps de l'éthique est celui de la continuité. On comprend alors que le mariage est le symbole de l'éthique. L'éthicien est l'homme de la continuité, qui est toujours maîtresse du sentiment. L'éthique est le stade du courage du vouloir. L'éthicien sait que l'important réside dans la manière d'envisager toute situation, dans l'énergie qu'il déploie. Schelling estimait que « avec l'opposition supérieure, ou plutôt la véritable, celle de la nécessité et de la liberté, commence l'examen du centre le plus intérieur de la philosophie [43] ».

Dans le tome II de *L'Alternative*, Kierkegaard insiste sur la relation qu'entretient l'éthicien avec son moi :

> L'éthicien a toujours une issue ; quand tout lui est contraire, quand les ténèbres de la tempête pèsent sur lui au point de le masquer aux yeux de son voisin, il n'a cependant pas sombré, il est toujours un point auquel il s'attache, et c'est [...] lui-même [44].

Dans l'éthique, et par elle, on prend conscience de soi-même. C'est le stade de l'honnêteté avec soi-même. Envisager la vie selon l'éthique, quoi qu'ait pu en penser Kant, c'est la voir selon sa beauté. Kierkegaard est plus proche du Schiller des *Lettres*

---

41. Søren Kierkegaard, *Post-scriptum définitif et non scientifique aux Miettes philosophiques,* in *Œuvres complètes, op. cit.,* tome XI volume 2, p. 86.
42. *Ibid.*, p. 86.
43. Friedrich Schelling, *Recherches philosophiques sur l'essence de la liberté humaine*, traduction Bernard Gilson, Paris, Vrin, 1988, p. 143.
44. Søren Kierkegaard, *L'Alternative,* in *Œuvres complètes, op. cit.,* tome IV, p. 227.

sur l'éducation esthétique de l'homme que du Kant de la *Critique de la raison pratique* lorsqu'il insiste sur la beauté éthique de la vie. Dans un texte très riche et malheureusement resté inédit de son vivant, *La Dialectique de la communication éthique et éthico-religieuse* [45]. Kierkegaard critique ce qu'il appelle « la communication directe », à la mode dans les médias de son temps, qui ne communique que ce qui peut plaire à la foule, et lui oppose « la communication indirecte » qui vise le sérieux, c'est-à-dire comme il l'écrit : « Le sérieux consiste à me rapporter à Dieu en tant qu'individu, et ainsi de chaque homme [46] ».

L'éthique et ce qu'il appelle « l'éthico-religieux » se communiquent et doivent se communiquer sur le plan de l'existence et de l'existentiel. Le sérieux comporte aussi, comme on le sait depuis Socrate, de l'ironie. La vérité éthico-religieuse a trait à la personnalité, et ne peut être transmise que par un « je » à un autre « je ». Cette vérité se transmet par l'intersubjectivité. Le philosophe Martin Buber et les psychologues Carl Rogers ou Rollo May se souviendront en notre temps de Kierkegaard. Seul quelqu'un qui dira « je » et parlera à la première personne communiquera vraiment la vérité éthique et éthico-religieuse. Il est important de relever ce terme d'« éthico-religieux », que signifie-t-il ? Sommes-nous au carrefour de l'éthique et du religieux ? En un sens oui, puisqu'il s'agit de ce mode de vie de l'homme où il s'agit de dévoiler son intériorité, ce qui est la tâche du religieux plus encore que de l'éthique. Tout homme est tenu devant Dieu de transmettre le vrai, s'il l'a compris, sous sa forme la plus vraie. Mais la pensée moderne ignore la subjectivité, a supprimé la personnalité et ne s'intéresse qu'à l'objectif. C'est pourquoi les temps modernes ont délaissé la question fondamentale qui est : qu'est-ce que communiquer ? L'éthique et l'éthico-religieux doivent être

---

45. Søren Kierkegaard, *La Dialectique de la communication éthique et éthico-religieuse,* in *Œuvres complètes, op. cit.,* tome XIV, p. 361 à 390.
46. *Ibid.,* p. 374

vécus, ne doivent pas être seulement pensés, mais s'inscrire dans l'existence.

L'éthique réconcilie le particulier et le général. C'est ainsi, par exemple, que la conception éthique du mariage l'emporte sur toute esthétique romantique de l'amour.

> Elle met en lumière le général et non l'accidentel. Elle ne montre pas comment deux individus tout à fait exceptionnels dans leur caractère d'extraordinaires peuvent devenir heureux, mais comment tout couple d'époux peut le devenir [47].

Dans *In Vino Veritas*, première partie des *Stades sur le chemin de la vie*, Victor Eremita affirme que le mariage est une singulière invention, mais qu'il est une démarche décisive : « Dans la vie, l'homme ne connaît pas de plus jalouse tyrannie que celle du mariage [48] ».

Dans un autre passage des *Stades sur le chemin de la vie*, Kierkegaard oppose l'amour païen qui a pour dieu Éros et qui relève de la poésie et de l'immédiateté, et le mariage chrétien sanctionné par le Dieu de l'esprit, et comme l'écrit le philosophe danois : « Un Dieu de l'esprit, objet de foi spirituelle, est aussi en un sens infiniment éloigné d'avoir ce caractère concret de l'amour [49] ». Le mariage est un acte de la liberté, et il ne se réalise que par une résolution. Kierkegaard s'accorde ici encore avec Schelling qui écrit :

> La liberté individuelle s'accorde tout de même d'une manière ou d'une autre avec l'ensemble du monde (pensé en termes réalistes

---

47. Søren Kierkegaard, *L'Alternative*, in *Œuvres complètes*, *op. cit.*, tome IV, p. 273.

48. Søren Kierkegaard, *Stades sur le chemin de la vie*, in *Œuvres complètes*, *op. cit.*, tome IX, p. 286.

49. Søren Kierkegaard, *Stades sur le chemin de la vie*, in *Œuvres complètes*, *op. cit.*, tome IX, p. 94.

ou idéalistes) et il doit donc exister, au moins dans l'entendement divin, quelque système avec lequel la liberté soit compatible [50].

Nous verrons dans notre analyse de la conception du péché originel par Kierkegaard que celui-ci juge que le christianisme est dialectiquement soumis à l'opposition de saint Augustin et de Pélage, opposition qui ne saurait être dépassée par une médiation telle que la pense Hegel.

L'homme qui existe éthiquement ne vit pas seulement dans l'enthousiasme d'instants privilégiés, il a une histoire. Si Kierkegaard, contrairement à Kant, à Fichte, à Schelling et à Hegel, n'a pas construit de philosophie de l'histoire, il est, en revanche, très attentif à l'histoire de l'individu, de l'existant. Pour lui, et contrairement à ce que pensait Hegel, il n'y a pas d'esprit du monde, ni un divin qui se réalise dans et par l'histoire, mais chaque existant qui fait le saut dans l'éthique se construit son histoire et sa vérité. L'histoire de l'individu passe par la compréhension du moment de discontinuité qu'est le saut qui permet de passer d'un stade de l'existence à un autre. H. B. Vergote insiste, à juste titre, dans son ouvrage *Sens et Répétition* [51] avec le commentateur danois de l'œuvre de Kierkegaard, Gregor Malantschuk, sur l'importance du saut et de la discontinuité dans la pensée du philosophe. Kierkegaard est, de ce point de vue, en marge de son siècle qui est celui de l'histoire, du progrès et de l'évolution, comme le souligne le philosophe pragmatiste américain G. H. Mead dans son *Histoire de la pensée au dix-neuvième siècle* [52].

---

50. Texte de Schelling tiré de *Recherches Philosophiques sur l'essence de la liberté humaine* (1809), traduction Gilson B., Paris, Vrin, 1988.
51. H. B. Vergote, *Sens et Répétition, Essai sur l'ironie kierkegaardienne*, Paris, Cerf/Orante, 1982.
52. G.H. Mead, *Movements of Thought in the Nineteenth Century*, Chicago, University of Chicago Press,1936.

Jacques Colette a bien raison d'écrire dans son *Kierkegaard et la non-philosophie* :

> En lisant Kierkegaard, on entend une voix qui, dès le début de la grande fièvre historique, voire historiciste vibre à l'idée de rendre superflus des siècles de monstrueuses bibliothèques et de crispation écrivailleuse. Soucieux du commencement, de la primitivité, il l'est néanmoins aussi des recommencements. Et si l'histoire, à ses yeux, ne permet pas de penser la destinée et la destination de l'homme, l'historique ne laisse pas de marquer l'existant de manière décisive [53].

Adorno ne rend sans doute pas justice à Kierkegaard sur ce point, lui qui juge que l'histoire de l'individu est plus importante que l'histoire du monde pour le philosophe danois et contrairement à Hegel et à Marx.

À une philosophie de l'histoire, il convient d'opposer une pensée qui insiste sur l'appropriation subjective de la vérité. Le philosophe allemand du vingtième siècle Nicolaï Hartmann reprochera pour sa part à Heidegger et plus encore à Kierkegaard d'avoir versé dans le subjectivisme et la philosophie de l'individu (il reproche cela à Kierkegaard, et pas à Heidegger). Dans la deuxième partie de *L'Alternative*, Kierkegaard souligne que l'amour des époux a un caractère historique : il s'exerce dans le vécu. Cet amour prend une part essentielle aux événements, comme on peut aussi le voir dans les *Stades sur le chemin de la vie*. L'amour conjugal vit sa propre évolution. L'amour romantique, quant à lui, n'a pas d'histoire. L'amour conjugal, lui, se déploie dans la continuité du temps. L'amour implique le dévouement qui n'est possible qu'en sortant de soi-même. L'homme de l'esthétique, au contraire, se replie en lui-même. Aimer, c'est se perdre en un

---

53. Jacques Colette, *Kierkegaard et la non-philosophie*, coll. « Tel », Paris, Gallimard, 1994, p. 143.

autre, mais, ce faisant, l'amant se manifeste à l'autre et « devient ressouvenir chez l'autre [54] ». Kierkegaard cite un texte de Fénelon, dont il ne donne pas la référence : « Croyez à l'amour, il prend tout, il donne tout ».

Il faut opposer le mariage, qui résulte d'une décision, et l'immédiateté de l'amour. Quand c'est l'amour immédiat qui parle, on ne peut décider s'il s'agit d'un chevalier ou d'un séducteur [55]. Dans le mariage, la résolution est donnée dès le début. L'idéalité de l'être humain, qui apparaît dans le stade éthique, consiste dans la résolution. Le mariage est une synthèse d'amour et de résolution. Le mariage, comme tout élément éthique est risque : chaque jour, le devoir apparaît à l'époux. Tous les jours, l'époux sent sa responsabilité mais celle-ci « suscite plus d'enthousiasme que la plus magnifique épopée à la gloire d'un héros [56] ». Le mariage a un caractère social, par lui, les époux appartiennent à l'État, à la patrie, et participent aux affaires publiques. Kierkegaard juge, comme Hegel, que la morale de Kant est trop subjective : le devoir doit s'incarner dans des institutions. Le mariage relève de la temporalité, mais il n'est pas oublié par l'éternité. L'amour conjugal est intériorité. Il se heurte à des difficultés, et à des obstacles, il est lutte, mais aussi jeu, puisque les adversaires triomphent de cette lutte. Il y a une beauté de l'amour conjugal qui relève certes de l'éthique, mais aussi de l'esthétique.

---

54. Søren Kierkegaard, *L'Alternative,* in *Œuvres complètes, op. cit.*, tome IV, p. 99.
55. Søren Kierkegaard, *Stades sur le chemin de la vie,* in *Œuvres complètes, op. cit.*, tome IX, p. 96.
56. Søren Kierkegaard, *L'Alternative,* in *Œuvres complètes, op. cit.*, tome II, p. 101.

CHAPITRE III

AUX CONFINS DE L'ETHIQUE ET DE L'ESTHETIQUE

L'amour conjugal peut triompher de l'ennui puisqu'il a une substance éternelle que « les époux acquièrent tantôt dans les plaisirs et les joies, et tantôt dans l'angoisse et le tremblement [57] ». Mais « une union montrant une beauté esthétique est toujours heureuse [58] ». L'esthétique subsiste dans le mariage. Une fois encore, nous voyons que même si Kierkegaard insiste sur le saut qu'il faut accomplir pour passer d'un stade à l'autre, il y a des modalités de chaque stade dans les suivants, même si l'esthétique qui existe dans le mariage n'est pas l'esthétique de la première partie de *L'Alternative*. En paraissant au jour, l'amour manifeste une détermination d'éternité. Le mariage se vit dans un devenir constant qui s'oppose à l'instantanéité des « instants intéressants » de l'homme de l'esthétique. Le concept d'« intéressant » est très

57. Søren Kierkegaard, *L'Alternative,* in *Œuvres complètes, op. cit.*, tome II, p. 102.
58. *Ibid.*, tome IV, p. 102.

important chez Kierkegaard : il s'agit d'instants qui assurent une transition entre les stades, ici entre l'esthétique, l'éthique et le religieux. Dans la vie individuelle, quand on a une conscience personnelle, l'histoire commence car chaque moment est relié à la vue d'ensemble. Dans le mariage, l'immédiateté du premier amour disparaît, non qu'elle soit détruite, mais elle passe dans la conscience des époux. L'histoire commune des époux commence. L'amour conjugal devient historique. Le mariage a des difficultés à affronter, mais ce n'est pas un inconvénient pour l'éthique. Il se heurte à des difficultés venues du dehors, il faut alors les intérioriser. Comme l'écrit le philosophe danois, « si l'on veut sauver l'esthétique, il s'agit donc de transformer la tribulation extérieure en tribulation intérieure [59] ».
Dans l'éthique, l'esprit est posé comme esprit, alors que dans l'esthétique, il n'est rien de plus qu'un talent.

Quand on intériorise une difficulté extérieure, celle-ci est déjà surmontée. Pour que l'amour trouve sa valeur véritable, il faut qu'il comporte l'éternité dans sa spontanéité. Certes, il y a de l'uniformité dans le mariage, mais celle-ci ne nuit pas nécessairement à la beauté. Kierkegaard sait bien, comme Goethe le disait aussi, que l'uniformité est une des grandes sources d'ennui dans la vie, et une des difficultés du mariage, mais il faut multiplier les arguments pour faire comprendre à l'esthéticien que l'éthique n'est pas l'ennemi de l'esthétique. La possession est plus grande que la conquête, et possède un sens que n'a pas celle-ci, contrairement à ce que croit Don Juan. Dans la conquête, on s'oublie soi-même, alors que dans la possession on se souvient de soi-même avec sérieux : « L'amour conjugal trouve [...] son ennemi dans le temps, sa victoire dans le temps, son éternité dans le temps [60] ». Les difficultés liées au mariage sont toujours des déterminations du

---

59. Søren Kierkegaard, *L'Alternative,* in *Œuvres complètes, op. cit.,* tome II, p. 112.
60. *Ibid.,* tome IV, p. 125.

temps. L'individu ne se bat pas contre des ennemis extérieurs, mais il se vainc lui-même. L'amour conjugal est celui de chaque jour.

L'esthéticien n'est jamais en lui, mais est, au contraire, toujours hors de lui. L'éthicien est toujours en lui, dans son intériorité. L'esthéticien lutte pour le temps passé, ce qui le conduit au désespoir. L'amour conjugal s'épanouit dans le temps, il a une autre idée que celle de l'esthéticien de ce qu'est la répétition. Le temps de l'éthique n'est pas seulement une progression simple où se conserve le premier moment, mais une progression croissante où le caractère originel va lui aussi croissant. En ce sens, il est répétition. Les hommes ont souvent une attitude erronée vis-à-vis du temps : ils vivent dans l'espérance ou le ressouvenir. Pour Kierkegaard, il ne faut pas vouloir remonter le cours du temps. L'espérance de l'éthicien est faite d'éternité. L'amour conjugal implique le devoir dans l'éthique et le religieux. Le devoir est au service de l'amour qu'il exige de voir conservé. L'homme de l'éthique doit participer à ce que Hegel appelait « *Sittlichkeit* » que l'on traduit par « la vie éthique ». Prendre le devoir pour l'ennemi de l'amour, comme le fait l'esthéticien, ou comme le fera le héros du *Don Juan de* Lenau, qui laissera son ennemi l'abattre en duel sans qu'il ait essayé de se défendre, c'est sombrer dans le désespoir. Kierkegaard insiste sur le fait que l'esthétique, l'éthique et le religieux sont des alliés, et il faut savoir garder l'unité des divers modes d'expression que les choses prennent dans ces diverses sphères, sans quoi la vie n'a pas de sens. Le mariage comporte une tâche éthique. Le mariage romantique, lui, se brise en raison de son caractère dénué d'histoire. Le mariage est le moment du choix, et exprime donc la liberté de l'individu. Adorno me semble avoir raison quand il affirme que Kierkegaard, loin de s'opposer à l'idéalisme en est le dernier représentant, au moins sur cette question où après Kant, Fichte et Hegel, il insiste sur la liberté de l'être humain.

Chapitre IV

ABRAHAM ET LA SUSPENSION DE L'ETHIQUE

Dans *Crainte et Tremblement* (1843), Kierkegaard s'interroge sur la foi d'Abraham qu'il appelle « le chevalier de la foi » et sur les rapports entre les stades éthique et religieux. Abraham est parmi les héros de l'humanité celui qui crut en Dieu, et, à ce titre, il est le plus grand de tous. Abraham laissa sa raison, et prit avec lui la foi : le voyage vers la Terre promise était absurde, et s'il avait songé à cette absurdité, Abraham ne serait pas parti. C'est la foi qui le conduit à partir. Il était l'élu de Dieu. C'est la foi qui amena Abraham à croire que toutes les nations de la terre seraient bénies en sa postérité. Le temps passant, la promesse semblait ne pouvoir se réaliser, mais Abraham continua à croire. Kierkegaard le souligne : « Il est grand de saisir l'éternel, mais plus grand de garder le temporel après y avoir renoncé [61] ». Les hommes ne comprennent pas Abraham qui a accepté de sacrifier son bien le plus précieux :

---

61. Søren Kierkegaard, *Crainte et Tremblement*, in *Œuvres complètes, op. cit.*, tome V, p. 114.

son fils Isaac. Ce sacrifice se fait dans l'angoisse. Chez Abraham, foi et angoisse vont de pair. Dans *Effusion préliminaire* [62], Kierkegaard le souligne :

> Ce qu'on omet dans l'histoire du patriarche, c'est l'angoisse, car si je n'ai pas d'obligation morale envers l'argent, le père est lié par la plus noble et la plus sacrée des obligations envers son fils.

Contrairement à ce qu'affirmaient les penseurs des Lumières, il y a ici contradiction entre l'éthique et le religieux : du point de vue éthique, Abraham voulut tuer son fils, et du point de vue religieux, il voulut le sacrifier. C'est cette contradiction qui fait toute sa grandeur et c'est en elle que réside son angoisse. La foi rend le sacrifice difficile, mais le permet aussi. Abraham est l'élu de l'Éternel. Pour Kierkegaard, il n'y a pas de foi sans « combats dialectiques [63] ». La vie d'Abraham est paradoxe. Abraham crut en vertu de l'absurde. Abraham ne croit pas que Dieu veut qu'il lui sacrifie son fils, mais il s'apprête néanmoins à le faire. Que Dieu arrête le geste d'Abraham conduit celui-ci à recevoir à nouveau Isaac, à vivre la répétition. Abraham a cru en Dieu et, comme le souligne le philosophe danois, « aimer Dieu sans avoir la foi, c'est se réfléchir en soi-même ; mais aimer Dieu avec la foi, c'est se réfléchir en Dieu [64] ».

Abraham crut à l'accomplissement de la promesse. Dieu demande alors à Abraham de lui sacrifier son fils Isaac. Cette demande met à l'épreuve Abraham et viole les règles éthiques, puisqu'il est scandaleux de sacrifier son fils. Isaac est innocent et ne mérite pas la mort et Dieu semble ne pas se soucier du chagrin d'Abraham. Le sacrifice d'Isaac est immoral et n'a pas de sens après la promesse de Dieu. Les lois morales sont

---

62. Søren Kierkegaard, *Effusion préliminaire*, in *Œuvres complètes, op. cit.*, traduction citée tome V, p. 122.
63. *Ibid.*, p. 125.
64. *Ibid.*, p. 130.

bafouées. Dans son beau livre sur Kierkegaard, *Kierkegaard et la philosophie existentielle* [65], Léon Chestov souligne ce point avec beaucoup de force. L'éthique, nous l'avons vu, est le domaine du général, alors que la foi est l'affaire du singulier, de l'individu, de l'exception. Abraham, conscient de ce qu'il violait les lois de la morale, cependant crut et crut pour cette vie : son amour de Dieu le conduisit à accepter ce qui pour la raison est inacceptable. Son amour pour Dieu dans la foi faisait, comme on l'a vu plus haut, qu'il n'a jamais cru que Dieu le laisserait lui immoler son fils. Abraham ne crut par contre pas à une récompense dans l'autre monde, mais que Dieu tiendrait sa promesse dans ce monde. Abraham « crut l'absurde [66] ». Abraham savait que nul sacrifice n'est trop lourd quand il est demandé par Dieu. Abraham n'a pas douté de Dieu, il n'a pas douté du fait qu'Il lui infligeait une épreuve. Dieu redonne Isaac à Abraham, qui n'a jamais douté. Comme on l'a vu, par le nouveau don d'Isaac, Abraham a vécu la répétition.

Insistons sur le caractère fondamental de ces analyses. Kierkegaard, on le voit, prend ses distances avec les philosophies de l'âge des Lumières qui, toutes, faisaient de la morale le noyau de la religion. Pour lui, au contraire, la foi est d'un autre ordre que les préceptes moraux : cet ordre est celui de l'amour. La foi telle que la comprend Kierkegaard est inséparable de l'angoisse – Abraham a été déchiré par la contradiction qu'il a vécue entre le point de vue éthique qui fait de lui un meurtrier en intention et le point de vue religieux qui insiste sur le fait qu'il a voulu sacrifier son fils. Comme le fait remarquer Léon Chestov, tout homme doit être prêt à se soumettre au général et à faire de cette soumission le sens de son existence. Mais, répétons-le, ce n'est pas ce que fait le

---

65. Léon Chestov, *Kierkegaard et la philosophie existentielle*, traduction Tatiana Rageot et Boris de Schloezer, Paris, Vrin, 3ᵉ édition, 2006.
66. Søren Kierkegaard, *Crainte et Tremblement*, in *Œuvres complètes, op. cit.*, tome V, p. 116.

chevalier de la foi : celui-ci ne vise pas le général, mais est un individu.

Reprenant, en la modifiant quelque peu, la formule de Tertullien, Kierkegaard juge qu'Abraham « crut en vertu de l'absurde [67] ». La foi n'est pas la résignation, mais la confiance en Dieu. La foi est « le paradoxe de la vie [68] ». La foi ne fait renoncer à rien, mais au contraire, l'homme de foi reçoit tout. La foi n'a pas fait renoncer Abraham à Isaac, mais au contraire, c'est par la foi qu'Abraham retrouva Isaac. La foi est un paradoxe qui fait d'un crime un acte saint et agréable à Dieu.
Ce que signifie le paradoxe, c'est que « la foi commence précisément où finit la raison [69] ». Kierkegaard s'oppose ici non seulement à la pensée des Lumières, mais aussi à Socrate, à Platon et à toute la philosophie. Comme le souligne Léon Chestov dans *Kierkegaard et la philosophie existentielle*, l'homme qui tombe du général n'a plus de langage commun avec les autres hommes [70]. L'homme de foi n'est en contact qu'avec Dieu. L'éthique permet de parler un langage commun avec tous les hommes et d'agir conjointement avec eux, la foi, au contraire, isole et met en présence du seul Dieu. Dans une de ses lettres, Kierkegaard juge :

> Un système dogmatique ne doit pas être élaboré sur le fondement de "comprendre la foi", mais sur celui de "comprendre qu'on ne peut comprendre la foi" [71].

---

67. Søren Kierkegaard, *Crainte et Tremblement*, in *Œuvres complètes, op. cit.*, tome V, p. 129.
68. *Ibid.*, p. 139.
69. *Ibid.*, p. 145.

70. Léon Chestov, *Kierkegaard et la philosophie existentielle*, traduction Tatiana Rageot et Boris de Schloezer, Paris, Vrin, 1998, p. 65.
71. Søren Kierkegaard, *Lettre à Rasmus Nielsen 1849-1850*, in *Correspondance*, traduction A.C. Habbard, Paris, éditions des Syrtes 2003, p. 356.

Job fut rendu fou par ses souffrances, et comme le juge encore Chestov, « la lâcheté humaine ne peut supporter d'entendre ce qu'ont à dire la folie et la mort [72] ». Le problème fondamental de Kierkegaard compris par Chestov est celui-ci : de quel côté est la vérité ? Du côté de la lâcheté des autres ou de celui de ceux qui envisagent la folie et la mort ? C'est pour répondre à cette question que Kierkegaard a quitté Hegel, estime Chestov. C'est ici que se situe la limite entre la philosophie existentielle et la philosophie spéculative. Chestov écrit : « Quitter Hegel signifie renier la raison et se jeter tout droit dans les bras de l'Absurde [73] ». Aussi juste que soit le jugement de Chestov, il faut le tempérer partiellement, me semble-t-il, car il est exagéré de juger que Kierkegaard renie la raison, il fait souvent appel à elle, et à la philosophie, seulement Chestov a raison d'affirmer que pour Kierkegaard, elle doit céder devant l'absurde et le paradoxe. L'éthique ferme la voie menant à l'absurde, et c'est pourquoi, pense Kierkegaard, il faudra la dépasser.

Remarquons ici – ce que montreront les derniers écrits de Kierkegaard – que l'Église ne joue aucun rôle dans la relation de l'homme de foi et de Dieu. L'homme de foi est l'unique, le singulier et il n'y a pas de médiation de l'Église. Si, comme l'affirme *Le Livre sur Adler*, la fidélité à l'institution est fondamentale pour l'homme de l'éthique, le stade religieux, quant à lui, n'implique pas l'institution mais le rapport singulier de l'individu à l'Absolu. Il n'y a pas de philosophie existentielle sans suspension de l'éthique.

Dans la foi, l'individu est au-dessus du général qui, on le sait, est le domaine de l'éthique. Par la foi, l'individu devient supérieur au général. Abraham a franchi par son acte le stade de l'éthique, il suspend ce stade. Abraham est « dans un rapport

---

72. Léon Chestov, *op. cit.*, p. 65.
73. *Ibid.*, p. 65-66.

absolu avec l'absolu [74] ». La conception éthique de la vie requiert que l'on se dépouille de l'intériorité pour s'exprimer soi-même dans l'extériorité. Au contraire, le paradoxe de la foi réside dans le fait que l'intériorité y est incommensurable à l'extériorité. Kierkegaard rejoint ici des penseurs médiévaux, et notamment Maître Eckhart. La philosophie moderne, et notamment Schleiermacher et les hégéliens, se trompe sur ce qu'est la foi et la réduit à l'immédiat, à « l'atmosphère que nous respirons [75] ». Socrate, qui n'avait pas la foi, est allé plus loin que la philosophie moderne lorsqu'il réfléchit sur l'intériorité. Comme l'écrit le philosophe danois :

> Il faut d'abord que l'Individu se soit épuisé dans l'infini, pour qu'il en soit au point où la foi peut surgir [76].

Dans la foi, c'est le rapport à l'absolu qui détermine le rapport au général. Le chevalier de la foi, Abraham, ne trouve aucune expression du général (c'est-à-dire de l'éthique) pour l'aider. Si c'est l'Église qui exige ce sacrifice de l'un de ses membres, on n'a pas affaire à un chevalier de la foi, mais seulement à un héros tragique. Il n'y a pas de différence qualitative entre les idées d'Église et d'État, et quand l'Individu est entré dans le paradoxe, il n'arrive pas à l'idée d'Église. Ce n'est pas le général qu'il est difficile de suivre, rien n'est plus terrible que d'exister en tant qu'Individu. L'homme qui existe en tant qu'Individu parle avec angoisse et tremblement. Le héros tragique renonce à lui-même pour incarner le général, tandis que le chevalier de la foi renonce au général pour devenir l'Individu, et rien n'est plus difficile à accomplir que ce renoncement. Le chevalier de la foi vit dans la solitude et dans l'épreuve constante. C'est ce que le pasteur Adler n'a pas réussi à faire, comme nous allons le voir au chapitre V.

---

74. Chestov, *op. cit.*, p. 153.
75. *Ibid.*, p. 160.
76. *Ibid.*, p. 161.

Contrairement à ce qu'affirme Hegel, qui n'admet pas d'intérieur caché mais réclame la manifestation, la foi n'est pas la première immédiateté, mais une immédiateté ultérieure. La première immédiateté est celle du stade esthétique, et la foi n'appartient pas à ce stade. Le chevalier de la foi vit dans le secret, dans lequel l'Individu prend conscience de son union avec Dieu. Abraham est le juste, l'élu de Dieu. Il a négligé les trois instances éthiques incarnées par Sara, Eliézer et Isaac, c'est-à-dire par les représentants de sa vie de famille. Le geste d'Abraham vis-à-vis d'Isaac est un scandale pour l'éthique qui ne peut admettre que je sacrifie un autre pour moi-même. Mais il se justifie du point de vue religieux. L'éthique, pour sa part, condamne Abraham car il est resté silencieux et n'a rien dit de ses intentions aux membres de sa famille. Or, le véritable héros tragique se manifeste et est un héros de l'éthique. Abraham n'est pas l'homme du général, mais celui du paradoxe. Abraham vit son silence dans l'angoisse. S'il parlait à ses proches, Abraham ne pourrait se faire comprendre, car qui comprendrait le sacrifice d'un fils ? Abraham parle une langue divine. Il vit la passion la plus haute en l'homme, qui est la foi. Aucun homme ne va au-delà de la foi. Cette foi Job ne l'a pas perdu, mais témoin de tous les malheurs que l'homme peut vivre, il a osé contester Dieu [77].

On le voit, les stades sont des façons pour l'existant de se rapporter à soi-même et il n'y a aucune nécessité du passage d'un stade à un autre. Il est possible que l'existant vive un stade, puis un autre, mais l'existence ignore la nécessité et c'est par choix que l'existant vit un stade ou prend la décision d'en vivre un autre. L'Alternative se termine par l'affirmation que « seule la vérité qui édifie est vérité pour toi ». C'est la subjectivité qui est le lieu de la vérité. Kierkegaard insiste dans le même

---

77. Søren Kierkegaard, La Répétition, in Œuvres complètes, op. cit., tome V, p. 65.

appendice sur le fait que dans le stade esthétique, on ne vit pas vraiment, on imagine vivre, et on pense l'existence sans vraiment exister. L'homme de l'éthique, au contraire, a fait des choix, il se manifeste au grand jour, et « reçoit le bénéfice du temps ». Il a la possibilité d'avoir une histoire et manifeste le triomphe de la continuité sur la mélancolie et le désespoir de l'esthétique.

L'Alternative se conclut sur un message édifiant, mais il s'en faut de beaucoup que toute vérité qui édifie soit chrétienne. La même année (1843) paraissent des *Discours édifiants,* cette fois-ci signés de son nom, qui emploient des catégories éthiques de l'immanence, « et non les catégories religieuses de la double réflexion dans le paradoxe ». Au moment de son désespoir, l'éthicien s'était choisi lui-même en se dégageant de l'effroi de n'avoir sa réalité que dans un songe esthétique. L'éthique s'ouvre au religieux. Kierkegaard estime que « l'éthique est le domaine du litige, du doute religieux ; le rapport avec Dieu est devenu réalité ; l'immanence du désespoir éthique est rompue ; le saut est posé, l'absurde, notifié [78] ». Le péché est le début du stade religieux. Il se rapporte à l'existence. La souffrance est un élément permanent du stade religieux.

L'existence esthétique est jouissance, l'existence éthique lutte et victoire, l'existence religieuse est souffrance.

Dans une de ses conversations avec Wittgenstein, Maurice Drury raconte qu'après une discussion à la suite d'une réunion du Moral Science Club de Cambridge, Wittgenstein avait mentionné le nom de Kierkegaard et avait dit : « Kierkegaard est de loin le penseur le plus profond du siècle dernier ». Drury ajoute :

Après quoi, il se mit à parler des trois stades de vie qui jouent un rôle si important dans les écrits de Kierkegaard : le stade

---

78. Søren Kierkegaard, *La Répétition*, in *Œuvres complètes, op. cit.*, p. 243.

esthétique, dont le but est de tirer de cette vie le maximum de jouissance ; le stade éthique, dans lequel le concept de faute exige la renonciation ; et le stade religieux, où cette renonciation même devient source de joie.

Wittgenstein ajoutait qu'il ne comprenait pas comment, dans le stade religieux, on peut tirer de la joie de la renonciation, car « il n'est pas capable de se refuser quoi que ce soit, pas même une tasse de café, quand il en a envie [79] ».

---

79. Maurice Drury, *Conversations avec Ludwig Wittgenstein*, traduction Jean-Pierre Cometti, Paris, PUF, 2002.

CHAPITRE V

JOB ET LA REPETITION

« La répétition est-elle possible ? » se demande Kierkegaard [80]. Le concept, juge-t-il, jouera un grand rôle dans la philosophie moderne, ce que seul Leibniz a entrevu. La répétition est l'équivalent de ce que Platon appelait la réminiscence, sauf que celle-ci est une « répétition en arrière », alors que celle-là est « un ressouvenir en avant [81] ». La répétition fait le bonheur de l'homme alors que le ressouvenir fait son malheur en l'éloignant de la vie. L'amour est heureux seulement s'il est vécu selon la répétition. La vie est répétition et celle-ci fait sa beauté. La répétition est le sérieux de la vie. Le ressouvenir, au contraire, rend l'homme malheureux. L'amour qui vit de ressouvenir rend l'homme malheureux. Celui qui croit à la répétition, au contraire, parvient à un très grand degré d'intériorité, pourvu qu'il s'agisse de la répétition

---

80. Søren Kierkegaard, *La Répétition*, in *Œuvres complètes, op. cit.*, tome V, p. 3.
81. *Ibid.*, p. 3.

religieuse, celle qu'a vécue Job. Dans l'idée de répétition, propre à la philosophie moderne, il y a l'idée de passage, de mouvement. Cette catégorie est bien supérieure au concept hégélien de médiation, juge Kierkegaard. Hegel ne rend pas justice, avec la médiation, aux concepts grecs de l'être et du néant, de l'instant et du non-être. Hegel échoue à expliquer comment s'effectue la médiation. Pour la médiation, c'est le fait d'avoir été qui donne son caractère de chose nouvelle. Kierkegaard le précise, « quand on dit que la vie est une répétition, l'on entend : les choses qui ont été de fait deviennent maintenant actuelles [82] ». La répétition « est le mot d'ordre de toute conception éthique [83] ». La répétition est une transcendance [84].

On le voit, et ce point a été souligné par Gilles Deleuze dans *Différence et Répétition* [85], Kierkegaard comme Nietzsche et Péguy « opposent la répétition à toutes les formes de la généralité ». Kierkegaard, continue Deleuze, pose la répétition « comme objet suprême de la volonté et de la liberté [86] ». Le philosophe danois lie la répétition à une épreuve. Deleuze le souligne encore, la répétition est pour Kierkegaard « une tâche de la liberté [87] ». La répétition est la tâche de la volonté dans son intériorité la plus profonde. Deleuze remarque encore : « Job est la contestation infinie [88] ». Job conteste la loi et critique le général pour défendre le singulier. Gilles Deleuze rejoint sur ce point l'interprétation de Léon Chestov.

---

82. Søren Kierkegaard, *La Répétition*, in *Œuvres complètes*, *op. cit.*, tome V, p. 21.
83. *Ibid.*, p. 21.
84. *Ibid.*, p. 54.
85. Gilles Deleuze, *Différence et Répétition*, Paris, PUF, 1968, p. 13.
86. Søren Kierkegaard, *La Répétition*, in *Œuvres complètes*, *op. cit.*, tome V, p. 13.
87. *Ibid.*, p. 13.
88. *Ibid.*, p. 14.

Job a été soumis à l'épreuve alors que c'était un juste, il a été frappé injustement du point de vue de l'éthique. Mais du point de vue religieux on ne peut que le louer pour sa foi, car il a osé se plaindre devant Dieu. Job n'en appelle pas à la compassion des hommes, il appelle Dieu et se plaint à lui. Kierkegaard s'adressant à Job écrit :

> Plains-toi, l'Éternel ne craint pas, il peut bien se défendre ; mais comment le pourrait-il quand personne n'ose se plaindre comme il sied à un homme [89] ?

Les amis de Job qui tentent de lui expliquer pourquoi il subit tous ces malheurs représentent l'éthique humaine et leurs vains bavardages sont aux antipodes de la compréhension de la condition du croyant devant Dieu. La constance de Job montre la justice de sa cause. Toute explication humaine est erreur à ses yeux. Job sait qu'il est en bonne intelligence avec Dieu. Job ne souffre pas à cause de ses péchés, et il le sait. Si l'on croit que Job souffre à cause de ses péchés, on fait de Dieu un tyran, et on le range dans le champ de l'éthique. Job est grand par sa liberté. Il a confiance en Dieu et sait que celui-ci peut tout expliquer, pourvu qu'on lui parle directement. Job subit une épreuve et seul l'homme de foi comprend la signification de cette épreuve. C'est ce que l'on a vu avec Abraham.

La catégorie de l'épreuve est transcendante. Réconcilié avec Dieu, Job reçoit en double tout ce qu'il avait avant l'épreuve : c'est une répétition [90]. Job a eu raison parce qu'il a eu tort devant Dieu. La répétition a eu lieu quand la certitude humaine a fait défaut. Quand Job subit l'épreuve, du point de vue de l'immédiat, il a tout perdu. Ses amis le pressent de s'incliner sous le châtiment pour avoir une grande répétition. Job s'y refuse et il a eu le secours de la providence. Job ne vit pas la

---

89. Søren Kierkegaard, *La Répétition*, in *Œuvres complètes, op. cit.*, tome V, p. 65.
90. *Ibid.*, p. 78.

réminiscence socratique, il n'a aucun savoir, il a foi et confiance en Dieu. Il sait que Dieu lui impose une épreuve. Job ne vit pas la médiation, pensée par Hegel, mais la répétition. Ce n'est pas la connaissance qui permet la répétition, mais la foi et l'amour de Dieu. La répétition transforme le sujet. Comme l'écrit à juste raison H. B. Vergote dans *Sens et Répétition* [91] :

> L'essentiel de la répétition réside dans le fait que c'est le sujet qui se transforme de telle manière qu'il puisse recevoir toute réalité comme Abraham devint capable de recevoir Isaac parce qu'il osa gravir la montagne de Morija pour le sacrifier à l'Éternel.

La foi croit que le miracle peut trouver une place dans l'histoire des hommes dans leur relation à Dieu et comme le remarque encore H. B. Vergote, n'obtiennent pas la vraie répétition ceux qui ne croient pas au miracle. La répétition religieuse se vit dans la souffrance.

---

91. H. B. Vergote, *op. cit.*, p. 467.

CHAPITRE VI

FOI ET ANGOISSE

Kierkegaard a beaucoup réfléchi sur l'angoisse. Avant qu'il
écrive, sous le pseudonyme de Vigilius Haufniensis, *Le
Concept d'angoisse* (1844), on trouve de nombreuses réflexions
sur l'angoisse dans le *Journal* et dans *L'Alternative* (1843). On
peut par exemple lire dans ce dernier texte le diapsalma
suivant :

> Chose étrange, cette angoisse ambiguë de perdre la vie et de la
> conserver avec laquelle l'être humain s'accroche à cette vie.
> Parfois, j'ai envisagé de faire le pas décisif, en comparaison duquel
> toutes les démarches précédentes ne seraient que des enfantillages
> – entreprendre le grand voyage de découvertes. Comme un bateau
> qui quitte le chantier naval est salué par des coups de canon, je
> voudrais me saluer moi-même. Et pourtant ! Est-ce de courage que
> je manque ? Si une pierre tombait et me tuait, ce serait au moins
> une issue [92].

92. *L'Alternative*, traduction et annotation Régis Boyer et Michel Forget,
Paris, Pléiade, 2018, tome I, p. 42.

L'angoisse est une expérience que tous les hommes font. La science échoue à proposer un remède à l'angoisse. Comme l'écrit H. B. Vergote dans son ouvrage *Sens et Répétition* [93] : « Paradoxalement, la science sait que le seul remède à l'angoisse est l'approfondissement de cette angoisse qui, seule, peut mener à la foi ».

La philosophie issue de Hegel condamne deux sciences lorsqu'il s'agit de penser l'angoisse : l'éthique et la dogmatique. L'éthique ne peut comprendre le repentir et la faute, tandis que la dogmatique échoue à comprendre l'immédiateté dans laquelle consiste la foi. Si l'on veut traiter psychologiquement de l'angoisse, on ne peut échapper au dogme du péché héréditaire. Le péché ne peut intéresser la psychologie, et sa catégorie est la contradiction. Le péché intervient en tout individu avant que l'éthique n'intervienne. Il n'y a pas de science du péché, qui n'est ni maladie, ni anomalie, ni poison, ni disharmonie [94]. Il faut seulement prêcher à propos du péché, comme Socrate voulait que les sophistes pratiquent l'art de prêcher. Prêcher, converser permet l'appropriation, comme Socrate l'a bien compris. L'éthique échoue à penser le péché car elle ne peut comprendre le repentir. Le péché n'est pas seulement le fait de l'individu mais il est présenté par la dogmatique comme péché héréditaire et l'éthique ne peut comprendre cette catégorie. Le paganisme ne peut pas comprendre non plus le péché héréditaire. Kierkegaard loue le théologien et philosophe Schleiermacher d'avoir bien compris ce que la dogmatique nous apprend du péché héréditaire. Kierkegaard insiste sur l'existence d'une deuxième éthique qui pense le péché héréditaire avec la dogmatique. La première

93. H. B. Vergote, *op. cit.*
94. Søren Kierkegaard, *Œuvres complètes*, *Le Concept d'angoisse*, traduction et annotations Régis Boyer et Michel Forget, Paris, Pléiade, 2018, tome II, p. 15.

éthique échoue à penser la culpabilité de l'individu à cause du péché héréditaire. La nouvelle éthique présuppose le péché héréditaire « mais peut traiter de sa manifestation et non de son origine [95] ». L'angoisse est un phénomène humain fondamental, qui affecte tout homme. La dogmatique enseigne que le Christ a racheté le péché héréditaire, doctrine qui est celle du catholicisme et de la Confession d'Augsbourg des luthériens. Mais qu'en est-il d'Adam ? Adam a introduit dans le monde le péché héréditaire. Celui-ci est péché réel en Adam. On ne peut comprendre ni le péché héréditaire ni Adam. L'être humain est individu, il est à la fois lui-même et toute l'espèce. Toute autre considération tombe dans l'hérésie. Kierkegaard oppose à nouveau, comme dans *Crainte et Tremblement¡,* le paganisme et le christianisme, la philosophie éthique et la foi religieuse : le péché est une catégorie de celle-ci et non de celle-là. La dogmatique part du réel pour l'élever à l'idéalité. La dogmatique explique le péché en postulant le péché héréditaire. Mais la dogmatique n'a pas à expliquer le péché héréditaire, elle doit en rendre compte en le présupposant. Schleiermacher avait fort justement compris ce point. L'éthique échoue à comprendre la culpabilité individuelle et, *a fortiori*, à comprendre la culpabilité qui s'étend à toute l'espèce. La culpabilité est venue en Adam par le premier péché et elle est dans le monde dans la mesure où elle y entre par le péché. Le péché d'Adam est le péché héréditaire.

Comme Adam, tout homme perd l'innocence par la faute. La Genèse nous apprend que l'innocence est ignorance. Dans l'innocence, l'homme n'est pas posé comme esprit. La Bible refuse à l'homme dans l'état d'innocence la connaissance de la distinction du bien et du mal. L'état d'innocence est un état où règne le rien, et celui-ci engendre l'angoisse. Comme l'écrit Kierkegaard, « le profond mystère de l'innocence, c'est qu'elle

---

95. Søren Kierkegaard, *Le Concept d'angoisse,* in *Œuvres complètes, op. cit.,* tome VII, p. 116.

est en même temps angoisse [96] ». Il faut distinguer la crainte de l'angoisse : la première a trait à quelque chose de précis, tandis que la seconde est la réalité de la liberté. L'angoisse est une détermination de l'esprit, et c'est pourquoi l'animal ne connaît pas l'angoisse, n'étant pas déterminé comme esprit. L'angoisse vécue dans l'innocence n'est pas la faute, ni n'est une souffrance incompatible avec la félicité de l'innocence. L'angoisse est liée à la liberté. Aux yeux de Kierkegaard, toute théorie qui invoque la tentation de l'interdiction ou la tromperie du séducteur (le serpent de la Genèse), dénature l'éthique qui est centrée sur la liberté. Comme l'a bien compris Léon Chestov, Kierkegaard s'écarte ici du récit de la Genèse : avant la chute certes, selon la Bible, l'homme ne possède pas la connaissance de la distinction entre le bien et le mal, mais elle ne dit pas que la capacité de distinguer le bien du mal est l'indice du réveil de l'esprit dans l'homme. La Bible affirme, au contraire, que la capacité de distinguer le bien du mal a non pas réveillé l'esprit de l'homme, mais l'a, au contraire, endormi. Chestov a raison de souligner que l'interprétation du péché originel par Kierkegaard, est plus proche de celle que le philosophe russe appelle « la philosophie spéculative », c'est-à-dire celle qui est née avec Socrate et qui se développe chez presque tous les philosophes jusqu'à Hegel. Comme l'analyse Léon Chestov :

> Hegel, si odieux à Kierkegaard, répète avec insistance que dans l'histoire de la chute ce ne fut pas le serpent mais Dieu qui trompa l'homme : le serpent découvrit la vérité aux premiers hommes [97].

Il est surprenant, comme le remarque encore Chestov, de voir Kierkegaard, philosophe de l'absurde, rattacher la connaissance à l'éveil de l'esprit ; on a vu que le chevalier de la foi Abraham

---

96. Søren Kierkegaard, *Le Concept d'angoisse*, in *Œuvres complètes*, *op. cit.*, tome VII, p. 144.
97. Léon Chestov, *op. cit.*, p. 129.

était obligé de suspendre l'éthique ; comment concilier cette affirmation avec celle selon laquelle distinguer le bien du mal est un avantage spirituel ? C'est que, comme le comprend encore Léon Chestov, même quand Kierkegaard veut rejoindre l'absurde, il se retourne vers la connaissance, et demande à la raison : « Qui faut-il croire ? »

Kierkegaard souligne dans *Le Concept d'angoisse*, qu'il ne peut comprendre le rôle du serpent dans le récit biblique de la chute. Il ajoute aussi que vouloir comprendre la chute prouve que nous ne voulons pas sentir sa profondeur, et l'importance du problème qu'elle pose. La difficulté posée par le rôle du serpent vient de la question de savoir comment la tentation peut venir du dehors à Adam et Ève. L'épître de saint Jacques affirme pourtant que chacun est tenté par soi-même. La tentation de l'homme dans le récit de la Genèse est aussi une tentation indirecte adressée à Dieu car elle est une intervention dans les rapports de Dieu et de l'homme. La chute est, comme l'écrit Kierkegaard, « le saut qualitatif [98] ». L'angoisse n'explique pas le saut qualitatif, et ne le justifie pas d'un point de vue éthique. L'angoisse ne relève ni de la nécessité, ni de la liberté. Elle n'est pas dépendante de la nature des choses, mais de l'être même de l'homme. Kierkegaard insiste : l'angoisse « est une liberté entravée, où la liberté n'est pas libre en elle-même, mais entravée, et non dans la nécessité, mais en elle-même [99] ». C'est la liberté qui crée l'angoisse si elle ne peut se déployer, pas le concept abstrait de liberté mais bien la liberté comme constitutive de l'être même de l'homme. La liberté est entravée, car l'homme a peur d'elle et n'ose agir librement. Kierkegaard estime que si, comme l'a bien compris Leibniz, le péché est entré dans le monde par un acte d'un libre arbitre abstrait alors il n'y a pas d'angoisse (dans les *Essais de Théodicée*, Leibniz

---

98. Søren Kierkegaard, *Œuvres complètes*, *Le Concept d'angoisse*, *op. cit.*, tome II, p. 150.
99. *Ibid.*, p. 151.

s'interroge sur la bonté de Dieu, la liberté de l'homme et l'origine du mal, notamment dans la première partie [100]). Il est de toute façon sot de vouloir expliquer l'entrée du péché d'une manière logique. Le péché est une transcendance dans laquelle il entre dans l'individu comme individu. Tout homme comprend par lui-même comment le péché est entré dans le monde. Quand le péché est entré dans le monde, le monde sensible devient culpabilité. Le philosophe romantique Franz Baader a souvent protesté contre la thèse selon laquelle le monde sensible et l'état de misère constitueraient, comme tels, la culpabilité. Mais cette protestation peut faire tomber dans la doctrine de Pélage : c'est que Baader n'a pas pris en compte l'histoire de l'espèce. Dans celle-ci le monde sensible est la culpabilité, mais il ne l'est pas par rapport à l'individu avant que celui-ci, en posant lui-même le péché, transforme le monde sensible en culpabilité.

Par Adam seul, la culpabilité entra dans le monde. Schelling, note Kierkegaard, parle souvent d'angoisse et de tourment, mais en désignant par ces termes non seulement la conséquence du péché dans la Création, mais aussi les douleurs de Dieu lorsqu'il veut créer. Schelling parle à la fois d'une mélancolie de la nature et d'une mélancolie de Dieu. Pour lui, l'angoisse est d'abord la souffrance de Dieu pour créer. On aurait tort de se moquer de ces thèses certes anthropomorphiques, mais selon Kierkegaard « un anthropomorphisme vigoureux et puissant est assez digne de respect [101] ». Pour Schelling, la liberté humaine ne diffère pas radicalement de la liberté divine, ce qui justifie en partie l'anthropomorphisme. Kierkegaard reproche cependant à Schelling de confondre dogmatique et métaphysique (sur les rapports entre Kierkegaard et Schelling,

---

100. Gottfried Leibniz, *Essais de Théodicée*, introduction Jacques Brunschwig, Paris, Garnier Flammarion, 1969, pp. 105-164.
101. *Ibid.*, p. 161, note.

le lecteur pourra consulter la belle étude de Jacques Colette dans son livre *Dialectique et Phénoménologie* [102]).

L'angoisse, écrit Kierkegaard, est « le vertige de la liberté ». Pourtant, il ne pouvait connaître l'œuvre du philosophe français Jules Lequier [103] qui insistait sur l'évidence que revêt la liberté pour l'homme. Sartre dira quant à lui que l'homme « est condamné à être libre ». Pour Kierkegaard, lorsque la liberté saisit la multiplicité de ses possibilités, le vertige la prend et l'angoisse survient. La liberté se voit alors coupable. Dans l'angoisse, la liberté « tombe en syncope [104] ». L'angoisse s'accompagne de « l'infini égoïste de la possibilité ».

Mais en même temps, l'angoisse est liée à la perfection de la nature humaine. L'animal ne peut ressentir l'angoisse. La possibilité de la liberté apparaît dans l'angoisse. La liberté produit le vertige de l'angoisse. L'homme peut éviter l'angoisse en reculant devant la liberté. L'insensibilité spirituelle se manifeste par la fuite devant la possibilité de la liberté. Heidegger se souviendra de ces analyses du penseur danois quand il décrira le *dasein* inauthentique dans *l'Être et le Temps*. Le philosophe allemand juge que Kierkegaard a mieux compris l'angoisse que tous les autres philosophes du dix-neuvième siècle. Kierkegaard lie la liberté et le péché, ce que ne fera pas Heidegger qui fait gloire à Kierkegaard de son analyse de la liberté, mais lui reproche son analyse religieuse de celle-ci. Par le péché, la liberté apparaît à elle-même dans l'angoisse de la possibilité ou dans le rien qui en est l'objet. Le paganisme n'a pas compris ce qu'est le saut qualitatif du péché. Kierkegaard insiste : c'est le christianisme qui a révélé la conscience du péché. L'angoisse est comparable au vertige. Celui-ci est

---

102. Jacques Colette, *Dialectique et Phénoménologie, Étude de philosophie allemande*, Bruxelles, Éditions Ousia, 2008, pp. 131-148.
103. Jules Lequier, *Comment trouver comment chercher une première vérité,* Paris, Allia, 2009.
104. *Ibid.*, p. 163.

provoqué par le fait que l'on plonge le regard dans un abîme. L'angoisse est le vertige de la liberté qui survient, dit Kierkegaard, « quand l'esprit veut poser la synthèse et que la liberté, scrutant les profondeurs de sa propre possibilité saisit le fini pour s'y appuyer [105] ». L'angoisse est l'état intérieur qui précède le péché.

Cet état s'inscrit dans une suite et l'angoisse est toujours présente à titre de possibilité de l'état nouveau. Le repentir qui suit le péché retarde l'action qui est l'objet de l'éthique. C'est pourquoi Kierkegaard donne raison à Fichte qui affirme souvent dans son œuvre que l'on n'a pas le temps de se repentir [106]. La vie éthique est celle de la liberté et de la responsabilité, et ce sont les mauvaises raisons de l'esthétique qui veulent rendre l'individu non coupable en invoquant le destin. L'homme qui mène la vie de l'éthique a le sens de la faute, ce que montrent les tragédies du théâtre moderne. Cependant, la catégorie du péché relève non de l'éthique, mais du religieux et souligne que l'homme est toujours coupable devant Dieu. Le religieux connaît ce qui est la vraie souffrance : non la mort naturelle, mais « la maladie à la mort [107] ». Quand Kierkegaard juge que « le désespoir est la maladie à la mort », il ne désigne pas par ce terme la mort biologique, mais la mort spirituelle. Cependant, comme le souligne Hélène Politis dans son *Vocabulaire de Kierkegaard*, les traducteurs français ont eu, avant Paul-Henri et Else-Marie Jacquet-Tisseau et avant Régis Boyer et Michel Forget, le grand tort de traduire le texte de 1849 par le titre de *Traité du désespoir*, alors que Kierkegaard a en vue les mots de Jésus dans l'Évangile de Jean disant à propos de la maladie de Lazare : « Cette maladie n'aboutira pas à la mort, mais elle est

---

105. Søren Kierkegaard, *La Maladie à la mort,* in *Œuvres complètes*, *op. cit.*, tome XVI
106. *Ibid.*, p. 215.
107. *Ibid.*, p. 168.

à la gloire de Dieu. » Et dans son *Journal,* Kierkegaard écrit qu'il pense à un livre qui traitera de la thérapeutique chrétienne [108]. Il s'agit donc de savoir comment l'on peut vaincre le désespoir par la foi. Le Christ guérit Lazare par un miracle dédié à la gloire de Dieu et à la sienne propre.

Comme l'écrit Kierkegaard dans le préambule du texte [109], « Cette maladie n'est pas à la mort ». La maladie de Lazare n'est pas à la mort car le Christ dit qu'elle est pour la gloire de Dieu, Lazare pourra vivre dans le Christ qui est, comme le dit l'Évangile de Jean, « la résurrection et la vie ». Pour reprendre les catégories des *Tonalités affectives* de Bollnow, le traité ne parle pas des tonalités tristes, mais glorifie celles qui, pour reprendre un mot de Nietzsche, « disent oui à la vie », certes non à la vie biologique, mais à la vie spirituelle.

Pour un chrétien, la mort n'est pas la fin de tout, elle arrive dans la vie éternelle et il y a en elle plus d'espérance que dans une vie biologique pleine de santé. Les tonalités affectives tristes ne sont pas, du point de vue chrétien, la maladie à la mort. Le christianisme apprend à ne plus avoir peur de ce que les non chrétiens considèrent comme le plus grand des maux, la mort biologique. Le christianisme a découvert aussi la maladie à la mort, ajoute Kierkegaard. Pour le chrétien, c'est « une plaisanterie [110] ». Le païen ignore ce qu'est la maladie à la mort, seul le chrétien le sait. La maladie à la mort est plus terrible que la mort biologique, c'est la mort spirituelle. La maladie à la mort est le désespoir. Le désespoir est une maladie de l'esprit et non du corps : il revêt plusieurs formes :

---

108. Søren Kierkegaard, *La Maladie à la mort,* in *Œuvres complètes, op. cit.,* tome XVI, p. 171.
109. *Ibid.,* p. 167.
110. *Ibid.,* p.168.

Le désespoir où l'on n'a pas conscience d'avoir un moi (ou désespoir improprement dit), le désespoir où l'on ne veut pas être soi ; le désespoir où l'on veut être soi [111].

Seul le chrétien sait que l'on ne peut être un moi que devant l'Éternel et en ayant foi en Lui. L'homme n'est un authentique moi que devant Dieu : « L'homme est une synthèse de temporel et d'éternel de fini et d'infini, de liberté et de nécessité [112] ». L'homme est âme et corps, le désespoir atteint l'âme. L'homme désespéré qui veut triompher seul de son désespoir n'y parvient pas et reste désespéré, en disharmonie avec lui-même.

Le désespoir est, du point de vue dialectique, à la fois un avantage et un défaut. Abstraitement, il est un grand avantage. L'homme qui est capable d'angoisse et de désespoir est supérieur à l'animal qui ignore ces deux états. Seul l'esprit est capable d'angoisse et de désespoir. Le chrétien, contrairement à l'homme naturel, peut guérir du désespoir. Le désespoir est, cependant également la perdition. On n'est pas désespéré comme on est aveugle : ne pas être désespéré est quelque chose de plus que ne pas être aveugle. Celui qui, réellement, n'est pas désespéré supprime la possibilité de l'être. Le désespoir est le désaccord de la synthèse qu'est l'homme. Le désespoir est lié à l'éternel. Le désespoir ne conduit pas à la mort biologique en l'homme, au contraire, juge avec profondeur Kierkegaard, « le tourment du désespoir est justement de ne pouvoir mourir [113] ». Le désespéré n'espère plus la mort, il désespère de ne pouvoir mourir. Il vit sans pouvoir mourir. Le désespéré ne peut se donner la mort. Le désespoir a un objet : le moi. Le désespéré désespère de lui-même. On ne désespère pas de quelque chose, mais de soi. Le désespoir en l'homme est lié à l'éternité : « Le

---

111. Søren Kierkegaard, *La Maladie à la mort*, in *Œuvres complètes*, *op. cit.*, tome XVI, p. 171.
112. *Ibid.*, p. 171.
113. *Ibid.*, p. 176.

désespoir est à l'esprit ce que le vertige est à l'âme [114] ». Le moi meurt sans mourir, la mort lui échappe. Le désespéré ne peut s'anéantir et c'est ce qui fait sa souffrance. On désespère au sujet de soi-même, de son moi. Le désespéré ne peut se défaire de lui-même. Être un moi, c'est le propre de l'homme, mais c'est aussi « l'exigence de l'éternité sur lui [115] ». Le désespoir vient de ce que l'on ne veut pas comprendre que le moi dépend de Dieu, n'est vraiment lui-même que devant Dieu, ce que, au contraire, Abraham a bien compris.

Tout homme porte en lui des moments d'angoisse et de désespoir. Il faut passer par le désespoir pour comprendre que notre moi est créé pour Dieu. Le désespoir est conscient. Le moi ne peut devenir soi qu'en se rapportant à Dieu et ne pas être soi est le désespoir. La part de sentiment et de connaissance que possède un homme dépend de la part d'imagination qu'il détient. Kierkegaard donne raison à Fichte qui admettait que l'imagination est la source de la représentation du non-moi. Le terrain religieux nous apprend qu'être en rapport avec Dieu, c'est se donner à l'infini, mais cet acte peut entraîner l'imagination humaine au point de n'être qu'une ivresse. Le croyant lutte contre le désespoir par la foi selon laquelle tout est possible à Dieu. Les romantiques ont parfois cru qu'ils pouvaient se donner à l'infini, mais ce n'était qu'une illusion qui les a souvent conduits au désespoir, comme on le voit par exemple avec Kleist. L'homme ignorant qu'il est désespéré ne peut avoir conscience de lui-même comme esprit. Cette forme de désespoir est le paganisme. Kierkegaard remarque : « Le monde est désespoir, mais il n'en sait rien [116] ». La catégorie esthétique d'insensibilité spirituelle ne peut déterminer ce qui est désespoir et ce qui ne l'est pas ; celle qui convient est la

---

114. Søren Kierkegaard, *La Maladie à la mort*, in *Œuvres complètes*, *op. cit.*, tome XVI, p. 176.
115. *Ibid.*, p. 179.
116. *Ibid.*, p. 202.

catégorie éthique et religieuse d'esprit. Toute existence humaine inconsciente d'elle-même comme esprit, qui ne se fonde pas en Dieu, mais dans une généralité abstraite, comme la nation ou l'État, est désespoir. Il y a un désespoir éthique, comme il y a un désespoir esthétique, mais le véritable désespoir est le désespoir religieux. Kierkegaard le souligne, « le désespoir consiste justement en ce que l'homme n'a pas conscience d'être déterminé comme esprit [117] ». Lorsque le sujet ne se pose pas comme un moi face à Dieu, il vit le désespoir. Celui-ci n'est pas une maladie et ne relève pas de la psychopathologie. C'est la grandeur de l'homme, au contraire, que de pouvoir vivre le désespoir. Si l'homme refuse d'être esprit, il vit dans le désespoir. Celui-ci est lié au fait que l'homme est esprit.

Dans la deuxième section de *La Maladie à la mort*, Kierkegaard analyse le désespoir comme péché [118]. Le péché est un état qui est devant Dieu. Il consiste « étant devant Dieu ou ayant l'idée de Dieu, et se trouvant dans l'état de désespoir, à ne pas vouloir être soi ou à vouloir l'être [119] ». Ce qui fait du péché le désespoir, du point de vue éthique et religieux, c'est l'idée de Dieu. Du point de vue chrétien, et contre l'esthétique, l'existence du poète est péché, puisqu'il se livre à l'imagination, au lieu de s'efforcer d'être existentiellement dans le bien et le vrai. Dans la foi, au contraire, le moi, devient transparent et se fonde en Dieu. C'est pourquoi, le contraire du péché n'est pas la vertu, mais la foi. Le péché n'est pas dans la sphère de l'éthique, mais du religieux. Le péché est le fait de l'individu, de l'homme individuel qui seul existe aux yeux de Dieu, et non de l'homme générique, et c'est pourquoi le désespoir n'est pas une catégorie éthique. Contre sa définition socratique, le péché

---

117. Søren Kierkegaard, *La Maladie à la mort*, in *Œuvres complètes, op. cit.*, tome XVI, p. 183.
118. *Ibid.*, pp. 233-285.
119. *Ibid.*, p.233.

n'est pas le fait de l'ignorance, de la non-connaissance, mais de la volonté. Le paganisme et le représentant le plus éminent de la pensée antique, Socrate, n'arrivent pas à la détermination du péché. Le paganisme tient de l'esthétique et, avec Socrate, de l'éthique : on peut lire sous la plume de Kierkegaard le jugement suivant :

> L'intellectualisme grec était trop heureux, trop naïf, trop esthétique, trop ironique, trop bel esprit, en un mot, trop pécheur pour s'aviser que l'on peut, en toute connaissance de cause, laisser de faire le bien ou commettre l'injuste avec la connaissance du juste. L'hellénisme établit un impératif catégorique intellectuel [120].

Pour le christianisme, au contraire, le péché est affaire de volonté, celle de désobéir à Dieu et de persévérer dans cette désobéissance.

---

120. Søren Kierkegaard, *La Maladie à la mort*, in *Œuvres complètes*, *op. cit.*, tome XVI, p. 245.

CHAPITRE VII

ARTICULATIONS ENTRE LE STADE ETHIQUE ET LE STADE RELIGIEUX

Dans *Le Livre sur Adler* [121], Kierkegaard souligne ce que sont les exigences du stade éthique et celles du stade religieux. Adler était un pasteur qui prétendait avoir écrit des passages de ses sermons sous l'inspiration directe du Christ qui lui aurait dicté ce qu'il devait écrire. L'évêque Mynster avait mis en retraite Adler après l'avoir écouté parler de sa révélation. Cet événement donne l'occasion à Kierkegaard de préciser une nouvelle fois ce qu'il entend par stade éthique et stade religieux.

Le philosophe danois remarque que Adler enseignait dans l'Église d'État. À ce titre, il est obligé de se soumettre au service des deux institutions, et d'y limiter l'usage de ses talents. S'il ne le fait pas, il y a danger pour la continuité des institutions. Si Adler est inspiré, alors il devrait être conscient de sa situation d'Exception, en dehors du général en tant qu'Extraordinaire.

---

121. Søren Kierkegaard,*Le Livre sur Adler*, in *Œuvres complètes, op. cit.*, tome XII.

L'homme du religieux est l'Extraordinaire, choisi par Dieu, comme l'est par excellence Abraham, le chevalier de la foi, alors que l'éthicien se meut dans le général. L'homme du religieux se contredirait en prétendant rester au service de l'ordre établi. Vouloir rester dans l'institution serait alors se moquer de celle-ci et l'évêque Mynster a eu raison de sanctionner Adler. Kierkegaard écrit :

> Vouloir, au service de l'ordre établi, s'employer pour une cause qui attente précisément à cet ordre est aussi déraisonnable que de prétendre servir un homme tout en reconnaissant ouvertement que l'on travaille avec zèle pour l'ennemi de cet homme [122].

L'homme du religieux, l'Extraordinaire, doit quant à lui sortir des rangs ; il a trop d'importance pour faire partie du rang. Une collectivité a besoin d'unité et d'unanimité. L'homme du religieux est, au contraire, seul devant Dieu, comme l'étaient Abraham et Job. L'Exception, si elle aime les institutions, frémit à la pensée d'être dans l'erreur, et voudra faciliter toutes choses pour le plus grand bien du général. Ce comportement est un indice qui permet de supposer qu'il est peut-être un véritable Extraordinaire. Quand on fait le choix d'un engagement dans une institution, on ne doit pas s'interroger sans cesse sur le bien-fondé de son choix. Un individu peut reproduire l'ordre établi, et développer celui-ci dans son existence : il vit alors le stade éthique. Il vit dans l'imitation, en respectant les règles établies. Celui qui, au contraire, veut réformer l'ordre établi devient l'Extraordinaire : il veut apporter un point de départ nouveau et ce faisant, il s'exclut de l'ordre général.

L'éthique est commune à l'homme ordinaire et au véritable Extraordinaire, mais à la condition que l'Extraordinaire soit prêt à se sacrifier. Kierkegaard se méfiait des enthousiastes alors que l'on pouvait s'attendre à ce qu'il se range de leur côté : l'homme

---

122. Søren Kierkegaard, *Le Livre sur Adler*, in *Œuvres complètes, op. cit.*, p.32.

religieux se pose seul devant Dieu ; mais, à ses yeux, on ne peut être sûr d'avoir été choisi par Dieu, lui-même doutait que ce soit son cas, et l'Enthousiaste n'est pas prêt à se sacrifier pour Dieu. Adler a selon lui ce double tort de sembler penser que Dieu l'a choisi, mais de ne pas vouloir se sacrifier pour lui. Le véritable Extraordinaire est tourmenté par le sentiment de sa responsabilité : il se demande s'il a pu se tromper. Le véritable Extraordinaire accepte de se sacrifier. Il ne se soucie que de son rapport à Dieu. Il a conscience de son hétérogénéité avec le temporel. Kierkegaard insiste sur le fait que « la sphère religieuse comprend l'éthique ou doit la comprendre [123] », thème qu'il avait déjà développé, nous l'avons vu, dans *Crainte et Tremblement,* même si le religieux dépasse l'éthique ou la suspend.

On doit juger du cas Adler du point de vue éthique et non pas esthétique ou religieux. Le fait de révélation qu'invoque Adler est d'une importance capitale et rend futile toute appréciation sur l'esthétique de ses œuvres. Il n'y a rien de commun entre une critique humaine et un fait de révélation. Kierkegaard ne s'interroge pas sur le fait de savoir si le pasteur Adler a bénéficié – ou non – d'une révélation particulière, mais il remarque que Adler semble douter lui-même d'avoir bénéficié d'une révélation, et, par ce fait même, son attitude est éthiquement condamnable. Adler ne se comprend pas bien lui-même, il n'a pas fait le véritable choix éthique. Il n'assume pas non plus la douleur, qu'impliquent le stade religieux et le fait d'être l'Exception. Dans de lointaines époques, quand un homme avait été jugé digne de révélations divines, il mettait du temps à se comprendre lui-même et à comprendre le prodigieux événement qui lui était advenu. L'Exception pouvait alors guider les autres. Nul ne peut comprendre la révélation qui dépasse l'entendement humain, mais on peut et on doit se

---

123. Søren Kierkegaard, *Le Livre sur Adler*, in *Œuvres complètes, op. cit.,* p.18.

comprendre soi-même dans l'événement qui est arrivé. Au lieu de la solitude qui accompagne l'Exception, l'homme contemporain cherche à s'assurer la bienveillance de l'opinion publique. Il n'est pas capable de vivre l'expérience religieuse dans sa radicalité. L'opinion publique lui apparaît comme devant être suivie et il recherche son approbation, ce qui est un des grands maux de l'époque de Kierkegaard. Le philosophe américain Stanley Cavell, dans l'analyse intéressante qu'il donne du livre de Kierkegaard au chapitre VI de son ouvrage *Dire et vouloir dire* [124], insiste sur le fait que pour le philosophe danois, le cas Adler montre les confusions dont le concept de révélation est victime dans notre époque que Kierkegaard juge « confuse [125] ». Le concept d'autorité est tombé dans l'oubli, juge Kierkegaard. Non seulement Adler a été insoumis dans ce cas particulier, mais il ne sait même pas ce qu'est la soumission. Comme le remarque Stanley Cavell, « ceci implique que personne d'autre ne sait non plus [en quoi consiste la soumission], et en particulier pas l'Église [126] ». Pour Cavell, Kierkegaard juge que l'Église comme Adler ne veulent pas s'interroger sur ce qu'est la révélation et sur son obligation de se soumettre au commandement de Dieu, de prêcher sa parole. Pour Kierkegaard, finalement, ce n'est pas Adler ou l'Église qui sont spirituellement dérangés, mais c'est l'époque tout entière.

Les événements de 1848 essaient de résoudre un problème religieux en termes politiques, ce qui manifeste éminemment la confusion religieuse de l'époque aux yeux de Kierkegaard. La transcendance du religieux se perd dans l'immanence du politique. Cavell a bien raison de dire que Kierkegaard fait une satire de son époque et présente Adler en utilisant des catégories du comique et de l'ironique. Les points de vue éthiques et le

---

124. Stanley Cavell, *Dire et vouloir dire,* traduction Sandra Laugier et Christian Fournier, Paris, Le Cerf, 2009.
125. Stanley Cavell, *op. cit.*, p. 282.
126. *Ibid.*, p. 282.

style esthétique se mêlent dans le livre de Kierkegaard, alors que dans toute cette affaire, c'est le religieux qui reste incompris. En effet, l'éthique, on le voit, reste dans le fini. C'est avec le religieux que l'homme peut vivre son rapport à l'infini. Le religieux vit certes le poids du passé : celui de la Création, du péché originel, et de l'incarnation. Il débute par la douleur qui est liée en nous à la pensée que nous avons toujours tort devant Dieu. Nous avons toujours tort devant Lui, dans l'avenir comme dans le passé. Méditer cette pensée permet de vaincre le doute, alors que l'esthétique commence par le doute, comme le montre le romantisme, et aide à guérir la tristesse. L'homme fini a toujours tort devant Dieu, qui est infini. La distance de Dieu à l'homme est infinie, et l'homme ne peut rejoindre Dieu que par la foi. La foi chrétienne a trait à des faits. Jean Wahl écrit à juste raison : « Le point de départ du philosophe est dans l'acte subjectif du doute, le point de départ de l'homme religieux est dans l'acte objectif du péché [127] ».

L'un des auteurs les plus lus par Kierkegaard, le philosophe allemand J. G. Hamann avait jugé :

> Ceci est le véritable et seul possible amour-propre de l'homme, la sagesse la plus haute de la connaissance de soi du chrétien qui non seulement aime Dieu en tant qu'être le plus haut, le plus généreux, le seul être bon et parfait, mais qui sait aussi que ce Dieu est lui-même devenu son prochain et le plus proche de ses semblables dans le sens le plus strict du terme, afin que nous ayons tous les motifs d'aimer Dieu et notre prochain [128].

Mais, pour aimer Dieu, il faut d'abord se reconnaître pécheur. La pensée que nous avons toujours tort devant Dieu n'est pas génératrice de doute et d'inaction, au contraire, elle encourage et enthousiasme pour l'action. C'est une pensée édifiante que

---

127. Jean Wahl, *op. cit.*, p. 389.
128. J. G. Hamann, *Aesthetica in Nuce*, traduction Romain Deygout, Paris, Vrin, 2001, p. 69.

l'existant peut faire sienne. Comme on peut le lire dans *L'Alternative* : « Seule la vérité qui édifie est vérité pour toi [129] ».

Dans le *Post-scriptum définitif et non scientifique aux Miettes philosophiques*, Kierkegaard montre comment « la subjectivité est la vérité ». La vérité n'est pas dans le système, qu'il s'agisse de celui de Fichte, de Schelling ou de Hegel. Elle ne réside pas dans un savoir théorique et abstrait, dans une métaphysique idéaliste ou dans une ontologie. Elle est prise de conscience d'elle-même par la subjectivité, choix par lequel celle-ci s'exprime et se pose. Il ne saurait y avoir de théorie de la vérité dans une pensée comme celle de Kierkegaard. Cette théorie est impossible et vaine. C'est dans la manière selon laquelle la subjectivité se choisit que réside la vérité et c'est cette thèse qu'Adorno reproche à Kierkegaard d'avoir soutenu. La vérité de Kierkegaard réside dans sa tâche de « poète du religieux » qui doit exprimer cette vérité ; que l'homme a toujours tort devant Dieu, et que cette pensée, loin de le laisser dans le désespoir, lui apporte encouragement et enthousiasme pour obéir à Dieu, le menant ainsi dans l'espérance. Le stade religieux est celui de l'espérance et de la certitude d'être aimé par Dieu, même si cette certitude est inséparable de l'angoisse, comme le montrent les exemples d'Abraham et de Job.

On le voit, pour Kierkegaard, la théorie des stades n'est pas une théorie : mais il s'agit bien plutôt de décrire la vie humaine qui s'inscrit dans une alternative : ou bien l'esthétique, ou bien l'éthique. Mais au-delà de cette alternative s'inscrit le stade religieux qui n'est accessible qu'à ceux qui, comme Abraham, ont la foi.

---

129. Søren Kierkegaard, *L'Alternative, Œuvres complètes*, op. cit., tome II, p. 317.

Jean Wahl remarque que Kierkegaard a peu cité Pascal [130]. Il y a néanmoins des thèmes communs aux deux grands philosophes. Je vais me limiter à la comparaison entre la théorie des stades de Kierkegaard et celle des ordres de Pascal. On peut cependant remarquer que Pascal a voulu, comme le recommandera Kierkegaard, mettre en évidence les relations entre les contraires, qu'il pensait que le seul chemin pour arriver à Dieu est celui de la foi. Pascal critique la raison sur le terrain du religieux. Pascal pense que la religion est du domaine du cœur, et s'adresse à des individus, Abraham, Isaac et Jacob, et non à la foule des croyants. Pascal, on le sait, distingue dans les *Pensées* trois ordres : l'ordre des corps, celui des esprits et celui de la charité [131]. Il y a une grande distance entre ces ordres :

> La distance infinie des corps aux esprits figure la distance infiniment plus infinie des esprits à la charité ; car elle est surnaturelle [132].

Les gens qui sont dans l'esprit ne se préoccupent pas des grandeurs de ce monde, et la grandeur des gens d'esprit est invisible aux puissants de ce monde. La grandeur de la sagesse que Dieu seul perçoit, est invisible aux hommes de chair et aux gens d'esprit. Pascal ajoute : « Ce sont trois ordres différents de genre [133] ». On a vu que les stades, chez Kierkegaard, sont aussi différents de genre, mais également qu'il y a des passages de l'un à l'autre, et un des aspects les plus profonds de l'œuvre du philosophe danois réside dans ces pages où il analyse le passage d'un stade à l'autre, ou ce qui distingue les états affectifs dans chacun de ces stades. La dialectique de Kierkegaard maintient le saut qu'il faut accomplir pour passer d'un stade à l'autre, et

---

130. Jean Wahl, *op. cit.*, p. 416.
131. Blaise Pascal*Œuvres complètes*, texte établi et annoté par Jacques Chevalier, Paris, Pléiade, 1954, p. 1341.
132. *Ibid.*, p. 1341.
133. *Ibid.*, p. 1341.

insiste sur les oppositions que l'on ne peut surmonter, contrairement à ce que pensait Hegel.

Pascal juge, quant à lui, qu'il n'y a pas de passage d'un ordre à l'autre. On peut lire dans les *Pensées* :

> Les grands génies ont leur empire, leur éclat, leur grandeur, leur victoire, leur lustre, et n'ont nul besoin des grandeurs charnelles, où elles n'ont pas de rapport. Ils sont vus non des yeux, mais des esprits ; c'est assez [134].

Quant aux saints, ils n'ont nul besoin des grandeurs charnelles ou spirituelles, Dieu leur suffit. L'homme de chair de Pascal est proche de l'esthéticien de Kierkegaard, l'homme de l'esprit de l'éthicien et l'homme de la charité du religieux, mais si Kierkegaard pense les stades les uns à partir des autres, Pascal oppose les ordres en utilisant la catégorie aristotélicienne de genre : il n'y a pas de communication d'un ordre à l'autre.

Pascal juge qu'il est ridicule de se scandaliser de la bassesse sociale de Jésus-Christ, qui n'est bassesse qu'aux yeux des hommes de chair alors que sa vie fait paraître toute la grandeur de l'ordre de la charité. Pascal se désolait que certains hommes ne puissent admirer que les grandeurs charnelles, comme si les grandeurs spirituelles n'existaient pas, et d'autres qui ne peuvent admirer que les spirituelles, comme s'il n'y en avait pas d'infiniment plus hautes dans la sagesse. Pascal insistait sur la hiérarchie qui existe entre les trois ordres :

> Tous les corps, le firmament, les étoiles, la terre et ses royaumes, ne valent pas le moindre des esprits ; car il connaît tout cela, et soi ; et les corps, rien. Tous les corps ensemble, et tous les esprits ensemble, et toutes leurs productions, ne valent pas le moindre mouvement de charité. Cela est d'un ordre infiniment plus élevé [135].

---

134. Blaise Pascal, *Œuvres complètes*, *op. cit.*, p. 1341.
135. *Ibid.*, p. 1342.

L'ordre de la charité surpasse infiniment les deux autres, puisqu'il est surnaturel.

L'opposition pascalienne entre le naturel et le surnaturel annonce celle de Kierkegaard entre le temporel et l'éternel. Pascal juge – ce que fera aussi Kierkegaard – que les preuves de la religion chrétienne ne sont pas absolument convaincantes. Mais cela ne veut pas dire pour lui qu'il faut être sans raison pour les croire. Kierkegaard suivra également Pascal sur ce point. C'est la malice du cœur qui empêche de croire et non la raison, estimait Pascal et l'on retrouve la même idée chez Kierkegaard. Pascal pense que c'est la grâe qui conduit à croire – ce qui sera aussi l'avis de Kierkegaard –, alors que l'incroyance vient d'une malice du cœur, d'une faute de l'homme, ce que pensera également Kierkegaard. Il faut s'attacher au cours de sa vie à plaire à Dieu, continue Pascal, ce que Kierkegaard ne fera que répéter. La seule religion chrétienne, estime Pascal, est proportionnée à tous, habiles et gens du peuple, car elle est mêlée d'extérieur et d'intérieur [136]. Kierkegaard, on l'a vu, insistera pour sa part sur le fait que le christianisme s'adresse à l'intériorité et sera très critique avec ses manifestations extérieures, et notamment avec l'Église. Pour Pascal, la foi vient de Dieu qui incline le cœur à croire. Kierkegaard fait de la foi un don de la grâce de Dieu, mais aussi une décision, un saut de la liberté humaine. Il a certes subi l'influence de Luther, mais également, et c'est plus surprenant compte tenu de son protestantisme d'un certain pélagianisme ou semi-pélagianisme, comme on l'a vu plus haut, même s'il s'en défend comme le montre son insistance sur la liberté de l'homme. Pour lui, le péché est lié à la liberté de l'homme, ce que Pélage, on le sait, soutenait. Le moine breton affirmait la perfection de la Création. Chaque homme dispose du libre arbitre pour éviter le péché et le libre arbitre de l'homme réduit à néant les effets du péché originel, la grâce devenant seulement

---

136. Blaise Pascal, *Œuvres complètes*, *op. cit.*, p. 1344.

la connaissance de la Loi nécessaire au salut. Pascal, au contraire, pensait que les hommes sont corrompus et incapables de Dieu et que c'est la raison pour laquelle Dieu s'est fait homme pour s'unir à eux. Le janséniste Pascal refusait la doctrine de Pélage.

On a vu la place que tiennent, chez Kierkegaard, l'analyse du péché et la conviction que l'homme est toujours coupable devant Dieu. Kierkegaard fait jouer à la grâce un rôle fondamental, – ce que ne fait pas Pélage –, mais pense que la liberté de l'homme joue un grand rôle dans le péché. Pascal pense que ceux qui croient sans la connaissance des prophéties et des preuves en jugent par le cœur et non par l'esprit, et ils croient tout autant et tout aussi fermement que ceux qui ont cette connaissance. On a vu que Kierkegaard juge que le christianisme n'est pas une doctrine et que la foi ne vient pas de la connaissance, mais de l'action.

CHAPITRE VIII

KIERKEGAARD ET LES ENTREPRISES DE DEMYTHOLOGISATION

Kierkegaard se heurte au système de Hegel et à son interprétation du christianisme, puisque pour le philosophe allemand, la Révélation n'a pas eu lieu une fois avec l'incarnation du Christ, mais à travers toute l'histoire, car « la nature divine et la nature humaine en soi ne sont pas différentes : Dieu se manifeste sous forme humaine [137] ». Il combat aussi les entreprises de démythologisation que l'on trouve au dix-neuvième siècle, notamment en Allemagne avec David Strauss et sa *Vie de Jésus* (1835), Bruno Bauer et surtout Ludwig Feuerbach. Pour ces auteurs, le divin n'est pas autre chose que l'homme, pas l'individu, mais l'homme générique. L'homme apparaît comme le dieu de l'histoire. Kierkegaard, dans *L'École du Christianisme*, va s'opposer à ces penseurs et

---

137. Georg Hegel, *Leçons sur la philosophie de la religion*, 2ᵉ partie, « La Religion absolue », trad. J. Gibelin, Paris, Vrin, p. 134, texte cité par Jean Brun, in Introduction à *L'École du Christianisme,* in Søren Kierkegaard, *Œuvres complètes, op. cit.*, tome XVII, p. 18.

à l'idée que l'histoire nous permet de découvrir la vérité sur l'homme et le divin et de progresser pour, comme le veut Feuerbach, délivrer l'homme de l'aliénation religieuse.

Comme il le précise dans l'introduction au *Post-scriptum définitif et non scientifique aux Miettes philosophiques*, le problème n'est pas celui de la vérité du christianisme, mais du rapport de l'individu à celui-ci ; le problème concerne l'intérêt infini que l'individu apporte à la question de ses rapports au christianisme [138]. Il s'agit du rapport de chaque moi avec sa félicité éternelle, ce qui est la question du christianisme, et non pas de s'interroger sur l'histoire universelle d'un point de vue spéculatif. Cependant, si l'on veut s'informer historiquement de la vérité du christianisme, il faut se concentrer sur la Bible. Le travail exégétique est important du point de vue scientifique, mais la théologie critique veut se mêler de parler de la foi et elle ne peut rien en dire. La philologie est une vraie science, mais je ne puis fonder ma félicité éternelle sur un ouvrage de théologie critique. Le croyant doit tenir tout examen critique comme une tentation à douter et celui qui n'a pas la foi ne peut prétendre faire sortir l'inspiration de ces textes de théologie critique. De nos jours, on est devenus trop objectifs pour se préoccuper de notre félicité éternelle. La foi ne découle pas d'un examen scientifique direct. La condition de la foi est « l'intérêt personnel infini et passionné [139] ». La foi est une passion et non une certitude scientifique. Kierkegaard le répète avec force :

> Le christianisme est esprit, l'esprit est intériorité, l'intériorité est subjectivité, la subjectivité est en son essence passion et à son maximum, passion personnelle infiniment intéressée à sa félicité éternelle [140].

---

138. Søren Kierkegaard, *Post-scriptum définitif et non scientifique aux Miettes philosophiques*, in *Œuvres complètes, op. cit.*, tome X, volume 1, pp. 14-15.
139. *Ibid.*, p. 27.
140. *Ibid.*, p. 30.

Dans le *Post-scriptum définitif et non scientifique aux Miettes philosophiques* [141], Kierkegaard, s'en prenant une fois encore à Hegel, écrit : « Objectivement, on ne parle jamais que de la chose ; subjectivement, on parle du sujet et de la subjectivité, laquelle, fait curieux, est justement la chose ». Le problème subjectif est la subjectivité même. La subjectivité vit la douleur, liée à la décision. La question, en ce qui concerne la vérité du christianisme, est de savoir si le sujet l'accepte. Le christianisme proteste devant toute objectivité. Comme le dit Kierkegaard, « il entend que le sujet ait un souci infini de lui-même [142] ». L'histoire universelle, telle que l'entend Hegel, et le système n'ont aucune commune mesure avec le fait chrétien. Rien n'est plus difficile que d'être un sujet. La subjectivité, c'est la passion. L'amour et l'héroïsme sont l'affaire du sujet. La foi est la passion suprême de la subjectivité. Les penseurs du système réduisent l'éthique à la considération des textes chrétiens et ne prêchent pas l'imitation de la vie du Christ. Le système vide ainsi l'éthique de toute sa substance. Le système se désintéresse de l'éthique, et devient « une distraction esthétique démoralisante [143] ». Il y a un enthousiasme éthique, qui réside dans le vouloir. La foi n'est pas seulement affaire de volonté, mais d'actes : il faut vivre comme le Christ.

Pour Kierkegaard, on n'est pas chrétien, mais on le devient, en reconnaissant que l'on est pécheur, et qu'il y a une distance infinie entre Dieu et l'homme. *L'École du Christianisme* souligne l'exigence d'être chrétien. La vie du Christ s'est située dans le passé, mais la présence du Christ ici-bas ne devient jamais un passé. Le croyant doit être contemporain de la présence du Christ comme l'était la génération des disciples de

---

141. Søren Kierkegaard, *Post-scriptum définitif et non scientifique aux Miettes philosophiques, op. cit.*, p. 121.
142. *Ibid.*, p. 122.
143. *Ibid.*, p. 126.

la première heure. Cette contemporanéité est la foi. Le croyant ne doit pas voir la vie de Christ comme un fait de l'histoire, contrairement à ce que pensait David Strauss, mais il doit voir le Christ comme son contemporain. Comme le dit Kierkegaard :

Puissions-nous Te voir tel que Tu es, as été et seras jusqu'à Ton retour dans la gloire, signe de scandale et objet de foi [144].

Le Christ invite le pécheur à venir à Lui. Le Christ veut secourir tous les hommes sans exception. L'invite du Christ surpasse la compassion dont l'homme est capable. La compassion que peuvent éprouver les hommes les uns pour les autres n'a rien à voir avec l'amour de Dieu pour les hommes et de l'homme de foi pour Dieu. Le propre de l'amour est d'empêcher qu'un seul homme puisse être pris d'angoisse en se demandant s'il est lui aussi au nombre des invités. Le Christ veut délivrer tout homme de cette angoisse. Celui qui secourt est le secours, et donne le repos. Le Christ doit convier tous les êtres humains mais chacun en particulier ou comme individu. Le Christ est venu chercher les pécheurs. Le Christ ne veut pas, à la manière humaine, être jugé aux résultats de sa vie, mais il est et veut être « signe de scandale et objet de foi [145] ». On ne peut être devenu croyant sans être venu au Christ dans son abaissement. On ne peut rien savoir du Christ par l'histoire, car il est le paradoxe, objet de foi. Il faut opposer la foi à la rationalité, chère à Hegel, et à Feuerbach. Comme l'écrit le philosophe danois dans le *Post-scriptum définitif et non scientifique aux Miettes Philosophiques*, « seule la connaissance éthico-religieuse est essentielle [146] ». La transmission historique est une transmission

---

144. Søren Kierkegaard, *L'École du Christianisme,* in *Œuvres complètes, op. cit.,* tome XVII, p. 8.
145. *Ibid.,* p. 24
146. Søren Kierkegaard, *Post-scriptum définitif et non scientifique aux Miettes philosophiques,* in *Œuvres complètes, op. cit.,* Tome X, p. 184, texte cité par Jacques Colette, *op. cit.,* p. 135.

de savoir, c'est pourquoi on ne peut rien savoir du Christ par l'histoire. Kierkegaard insiste :

> L'histoire fait de Christ une autre personne qu'il n'est en vérité ; permet-elle donc de beaucoup savoir – de Christ ? Non, pas de Christ de qui l'on ne peut rien savoir, car il est seulement objet de foi [147].

Les preuves de la divinité du Christ données par l'Écriture ne sont aussi qu'objets de foi ; elles ne veulent pas prouver que les miracles du Christ, sa résurrection, son ascension sont conformes à la raison, mais au contraire qu'elles vont à l'encontre de la raison et sont objets de foi [148]. La certitude de la foi est d'un ordre infiniment plus élevé que ne l'est le savoir humain. Il s'agit pour chaque croyant de savoir s'il veut croire que Christ est Dieu ou s'il ne le veut pas. Contrairement aux philosophes de la démythologisation, Kierkegaard juge : « L'accent ne porte donc pas sur le fait qu'un homme a vécu, mais expressément sur le fait que Dieu a vécu [149] ». C'est la foi, et non l'histoire qui peut nous dire qui est la personne du Christ. La chrétienté a voulu apprendre par l'histoire ce qu'a été la vie du Christ et, ce faisant, n'a pas su vivre le paradoxe et le scandale qu'apporte la foi chrétienne. La chrétienté est devenue paganisme. Pour croire dans le Christ, il faut commencer par l'abaissement.

L'histoire ne sait rien du Christ et quand elle parle de lui, elle ne sait pas de qui elle parle. Le Christ fut la compassion divine, qui est si différente de la compassion humaine, et c'est pourquoi il fut sacrifié par les hommes. Le Christ fut une occasion de scandale. Le Christ a prêché aux hommes que le

---

147. Søren Kierkegaard, *L'École du Christianisme,* in *Œuvres complètes, op. cit.,* tome XVII, p. 26.
148. *Ibid.,* p. 27.
149. *Ibid.,* p. 32.

péché était leur perdition. Seul celui qui se sait pécheur peut comprendre le message du Christ et vivre la foi. Kierkegaard le souligne : le christianisme est entré dans le monde comme l'absolu. Le christianisme n'est pas entré dans le monde pour consoler, contrairement à ce qu'affirment les discours de la chrétienté, mais comme l'absolu. Par rapport à l'absolu, il n'y a qu'un seul temps : le présent et c'est pourquoi devenir chrétien est devenir contemporain du Christ. Le Christ est le paradoxe, et est donc une personne étrangère à l'histoire. Contrairement à ce qu'affirme la chrétienté, le christianisme n'est pas une doctrine, mais « toute génération a pour tâche de recommencer avec Christ et de prendre sa vie pour modèle [150] ». En faisant du christianisme une doctrine, la chrétienté sombre dans le paganisme. Christ est infiniment plus important que sa doctrine. La foi est une décision prise par le croyant dans son existence et n'est pas un choix purement intellectuel en faveur d'une philosophie. Celui qui reçoit la foi est celui qui révèle qu'il veut croire ou être scandalisé [151]. La philosophie moderne, au contraire, imagine que la foi est l'immédiat, abolissant par là même la possibilité du scandale, destituant l'Homme-Dieu et laissant de côté la situation du contemporain. Cette philosophie confond la foi et la croyance au sens ordinaire. L'Homme-Dieu, au contraire, exige la foi. Sans la possibilité du scandale, on pourrait reconnaître directement l'Homme-Dieu, et celui-ci serait une idole. Kierkegaard le souligne, « le reconnaissable direct, c'est le paganisme [152] ».

Qui abolit la foi, abolit *ipso facto* la possibilité du scandale, et c'est ce que fait la spéculation qui substitue concevoir à croire. Contrairement à ce qu'affirme la philosophie contemporaine, estime le philosophe danois, le christianisme

---

150. Søren Kierkegaard, *L'École du Christianisme*, in *Œuvres complètes*, *op. cit.*, tome XVII, p. 100.
151. *Ibid.*, p. 129.
152. *Ibid.*, p. 131.

n'est pas une doctrine, mais fait de la vie un examen, dont la question la plus essentielle est de savoir si l'on veut être chrétien ou non. Le christianisme ne veut pas des admirateurs, mais des imitateurs. L'admirateur n'est pas le vrai chrétien, seul l'est l'imitateur.

CHAPITRE IX

SAVOIR ET EXISTENCE

L'accumulation des connaissances a fait oublier à l'homme l'existence, ce que c'est qu'exister. À l'époque de l'Antiquité grecque, les philosophes étaient des existants, ils vivaient leur pensée. Il ne faut pas séparer la croyance et l'existence, mais il faut partir d'une situation existentielle pour adopter une croyance. Kierkegaard estime que Hamann et Jacobi ont tenté de définir l'existence. On sait, en effet, que Hamann a, dans ses *Pensées sur ma vie* [153] (1758), expliqué sa conversion au christianisme en décrivant sa vie, et en partant de son existence pour rendre compte de sa croyance, et que Jacobi oppose dans toute son œuvre la connaissance par la raison, qui est pure abstraction, et l'existence. Comme l'écrit Louis Guillermit dans son avant-propos aux essais de Jacobi *David Hume et la croyance* et *Idéalisme et Réalisme* :

---

153. J. G. Hamann, *Pensées sur ma vie*, traduction Romain Deygout, Paris, Vrin, 2001, pp. 31 à 64.

La "vraie philosophie" [pour Jacobi], c'est la saisie du vrai dans la conscience d'une révélation originaire et en toute rigueur inamissible de l'existence, celle des choses sensibles et des "choses divines" ; "elle se moque de la philosophie" qui lâche cette proie pour l'ombre d'un discours démonstratif, qui prétend "mieux voir sans recourir aux yeux" et s'égare dans le rêve de l'idéalisme [154].

On peut lire, par exemple, dans l'appendice de la *Lettre à Fichte* de Jacobi :

Le principe de toute connaissance est une existence vivante et toute existence vivante provient d'elle-même, est progressive et productive [155].

Kierkegaard, dans *Les Miettes philosophiques* [156], se demande : « Dans quelle mesure peut-on s'instruire de la vérité ? » Cette question est une question socratique que le philosophe d'Athènes posait à propos de la vertu, celle-ci apparaissant comme un objet de connaissance. Socrate estime que toute connaissance est l'objet d'une réminiscence. On n'inculque pas la vérité, elle est déjà en celui qui se faisait un devoir de la chercher. Contrairement aux adeptes du système, et d'abord à Hegel, Socrate savait qu'on n'apprend pas la vérité à quelqu'un en lui expliquant des doctrines, mais en l'aidant à accoucher d'une vérité qu'il porte en lui-même, sans qu'il le sache d'abord. Socrate, en vrai existant, avait bien compris que dans les relations interindividuelles, l'homme ne peut rien faire de plus qu'accoucher l'autre, tandis qu'il appartient au dieu

---

154. Louis Guillermit, *Jacobi : David Hume et la croyance, idéalisme et réalisme*, coll. « Textes & commentaires », Paris, Vrin, 2000, nouvelle édition, p. 12.
155. Jacobi, *Sur l'entreprise du criticisme de ramener la raison à l'entendement* suivi de *La Lettre à Fichte*, traduction Patrick Cerutti, Paris, Vrin, 2010.
156. Søren Kierkegaard, *Les Miettes philosophiques,* in *Œuvres complètes, op. cit.*, tome VII, Chapitre I, p. 9.

d'engendrer [157]. Pour Socrate, le maître n'apprend rien au disciple. La connaissance que chaque homme a de lui-même est une connaissance de Dieu. Socrate avait le courage de se suffire à lui-même, et de n'être qu'une occasion pour autrui. Dans les relations interhumaines, nul n'a vraiment autorité, ce que Socrate avait bien compris. Socrate, dit Kierkegaard, ne saurait m'occuper concernant ma félicité éternelle « car elle est donnée en arrière dans la possession de la vérité que je détenais sans le savoir [158] ».

L'individu interrogé doit lui-même détenir la vérité, et l'obtenir par lui-même. L'instant oŭe découvre que j'ai eu la vérité sans le savoir est caché dans l'éternel, si bien que je ne puis le trouver. Si Socrate a tort sur ce point, il faut que l'instant ait une valeur décisive dans le temps. Il faut donc que le chercheur n'ait pu détenir la vérité, l'instant devenant alors seulement celui de l'occasion. Le chercheur est ainsi non-vérité. Le maître peut apprendre à son disciple, qu'il est la non-vérité. Je ne puis découvrir que par moi-même mon état de non-vérité [159]. Et c'est le véritable existant qui découvre cet état. C'est le maître qui apporte la vérité au disciple, contrairement à ce qui se passait pour Socrate.

Ce n'est pas un maître humain qui peut donner la vérité, mais le dieu lui-même. Le maître est le dieu qui, agissant comme occasion, fait se rappeler au disciple qu'il est la non-vérité, et cela par sa faute. Cet état, c'est le péché, où l'on est dans la non-vérité par sa propre faute. Le maître qui sauve le disciple de la servitude est un sauveur, un libérateur, un rédempteur qui efface la colère provoquée par la faute. Le maître est juge plus que maître. L'instant dans lequel le maître apprend au disciple qu'il est par sa faute dans la non-vérité, est plein de l'éternité, on

---

157. Søren Kierkegaard, *Les Miettes philosophiques,* in *Œuvres complètes,* *op. cit.,* tome VII, Chapitre I, p. 10-11.
158. *Ibid.,* p. 13.
159. *Ibid.,* p. 15.

l'appellera « plénitude du temps [160] ». Quand le disciple comprend qu'il est la non-vérité, il devient un homme nouveau. Le changement qu'il vit n'est pas seulement intellectuel, il est existentiel, c'est une conversion. Le disciple naît du non-être à l'être et cette naissance ouvre à l'existence.

L'existence « est une synthèse d'infini et de fini, et de même l'existant [161] ». L'existant va renoncer aux moments qui composent le fini pour la félicité éternelle. Le disciple va s'oublier pour son maître. Comme le dit Kierkegaard, « tandis que le pathos grec se concentre sur la réminiscence, le pathos de notre projet se concentre sur l'instant [162] ». Heidegger reconnaîtra dans *L'Être et le Temps* que Kierkegaard est le premier à avoir compris la signification existentielle de l'instant. Il reprochera cependant à Kierkegaard de penser cette notion par rapport à l'opposition du temps et de l'éternité qui a sens au niveau de l'intra-temporalité. Cependant, si Kierkegaard fait jouer un rôle si important à l'instant c'est parce que, pour lui, l'instant est ce qui crée le lien avec Dieu qui s'incarne dans la temporalité humaine. L'instant est une catégorie religieuse pour le philosophe danois.

Socrate voulait se connaître lui-même, et c'est ce qui en fait un véritable existant, d'autant qu'il voulait connaître aussi les autres hommes. Mais il y a une distance infinie entre les hommes et Dieu et lorsque la raison humaine essaie de comprendre celui-ci, elle se heurte au paradoxe. Dieu diffère absolument de l'homme et celui-ci de Dieu. La raison humaine ne peut comprendre cela et se heurte à un paradoxe. La différence entre Dieu et l'homme est imputable à celui-ci et est le péché. Il manquait à Socrate la conscience du péché. Le

---

160. Søren Kierkegaard, *Les Miettes philosophiques,* in *Œuvres complètes, op. cit.,* tome VII, Chapitre I, p. 18.
161. Søren Kierkegaard, *Post-scriptum aux Miettes philosophique,* in *Œuvres complètes, op. cit.,* tome XI, volume 2, p. 87.
162. *Ibid.,* tome II, volume 11, p. 21.

paradoxe produit le scandale et celui-ci est une preuve indirecte du bien-fondé du paradoxe résultant de l'état de non-vérité grâce auquel il rebute. L'instant produit le paradoxe, et du fait de l'instant, le disciple devient la non-vérité et l'homme qui se connaissait lui-même devient perplexe à son sujet, et voit la conscience du péché se substituer à la connaissance de soi. Kierkegaard oppose la conscience grecque et le christianisme : pour celle-là, l'homme se souvient d'une vérité qu'il possédait déjà sans le savoir, tandis que pour celui-ci la raison se heurte au paradoxe qui la dépasse, nulle connaissance intellectuelle de Dieu n'étant possible. Le disciple chrétien est instruit par l'exemple du maître qui lui communique une vérité que le disciple ignorait totalement. Il n'y a pas de distance entre l'homme Socrate et ses disciples, tandis que dans le christianisme, le maître est transcendant, c'est l'Homme-Dieu qui est celui qui, par son incarnation, comble la distance infinie qui sépare Dieu de l'homme. Pour le disciple, l'apparition de Dieu est l'éternel, le commencement de l'éternité [163]. Pour le christianisme, l'instant « est réellement décisif de l'éternité [164] ».

Le disciple ne peut comprendre le paradoxe, mais doit saisir qu'il s'agit du paradoxe. C'est ce qui arrive dans la foi. Celle-ci n'est pas une connaissance : dans la foi, le disciple se rapporte au maître en qualité de croyant, et il ne s'occupe de l'être historique du maître que sous l'angle de l'éternité. Contre Hegel et ses élèves, philosophes et théologiens, Kierkegaard refuse d'assimiler la foi à la connaissance d'événements historiques : elle s'adresse à l'existant, et le met devant la tâche de ne se préoccuper que de sa félicité éternelle. L'objet de la foi n'est pas la doctrine, mais le maître. La foi ne naît pas de la contemporanéité immédiate du maître. Seul est vraiment

---

163. Søren Kierkegaard, *Post-scriptum aux Miettes philosophique,* in *Œuvres complètes, op. cit.,* tome XI, volume 2, p. 55.
164. *Ibid.,* p. 55.

contemporain du maître celui que Kierkegaard appelle « le contemporain non immédiat », le croyant. La foi est un acte de la liberté, une manifestation de la volonté [165]. Elle est risque. Ce risque se vit dans la temporalité. Heidegger se souviendra de cette insistance mise par Kierkegaard sur la temporalité. Comme l'écrit Jean Wahl [166] :

> L'existence est temporalité, et sur ce point Heidegger, plus encore qu'à Husserl ou à Bergson, se rattachera à l'enseignement de Kierkegaard.

Dans le christianisme, le croyant vit l'amour chrétien qui est amour éternel. L'amour terrestre, au contraire se déploie dans le temps et est éphémère. Du fait de son caractère éphémère, ce dernier incite à la mélancolie. L'amour chrétien, lui, est éternel. L'amour chrétien doit être cru et vécu [167]. Il ne suffit pas de faire l'aumône pour faire œuvre d'amour : ce qui importe, c'est la façon dont l'acte est accompli. L'amour doit se reconnaître à ses fruits. Le christianisme exige que l'homme aime son prochain comme lui-même, comme il doit s'aimer. Le commandement parle donc de l'amour du prochain et de l'amour de soi-même [168]. Le christianisme ordonne : tu dois aimer, ce qui semble être une contradiction puisque l'amour semble ne pouvoir être un devoir. Le commandement « tu dois aimer » est un commandement de Dieu et non un précepte de l'homme naturel. Ce commandement ne peut que scandaliser l'homme naturel, l'humaine raison. La correspondance de Kierkegaard révèle l'importance qu'a prise pour lui le commandement d'aimer l'autre et celui de s'aimer soi-même. Au contraire, le croyant garde ce commandement dans le secret

---

165. Søren Kierkegaard, *Post-scriptum aux Miettes philosophique,* in *Œuvres complètes, op. cit.,* tome XI, volume 2, p. 78.
166. Jean Wahl, *op. cit.,* p. 266.
167. Søren Kierkegaard, *Les Œuvres de l'amour,* in *Œuvres complètes, op. cit.,* tome XIV, p. 8.
168. *Ibid.,* p. 22.

de sa foi. Kierkegaard le souligne : « Le propre de la foi est de rester un secret et d'être pour l'Individu ; si chaque Individu, même quand il la confesse, ne la garde pas comme un secret, il ne croit pas non plus [169]. » Il faut opposer l'amour mondain, peint par le poète et qui relève du stade esthétique et l'amour chrétien qui fait de l'amour du prochain un commandement, ce qui le préserve de tout changement. L'amour chrétien nous met à l'abri du désespoir. Kierkegaard le souligne : « L'amour n'a d'éternelle assurance que lorsqu'il est devoir. Cette assurance éternelle en bannit toute angoisse et le rend parfait, parfaitement sûr [170] ».

Le penseur subjectif existant a toujours l'infinité en son âme, et c'est pourquoi il ne peut s'exprimer que par la communication indirecte. Comme l'écrit Kierkegaard dans le *Post-scriptum définitif et non scientifique aux Miettes Philosophiques* [171] : « L'existant est constamment en devenir : le réel penseur existant subjectif reproduit toujours dans l'exercice de sa pensée cette existence à lui propre et il met toute sa pensée en devenir ». La prière est incommensurable à toute expression extérieure. Le penseur subjectif existant pratique sans cesse l'effort. Revenant à Lessing, Kierkegaard insiste sur le fait qu'il pratiquait en authentique penseur subjectif la communication indirecte, contrairement à Jacobi qui voulait convertir Lessing et les panthéistes. Citant le texte de *Eine Duplick*, Kierkegaard insiste sur le fait a) qu'« il peut y avoir un système logique », b) « mais il ne peut y avoir de système de l'existence [172] ». La logique est indifférente à l'existence. Contrairement à ce qu'affirmait Hegel, le système logique ne part pas d'un

---

169. Søren Kierkegaard, *Les Œuvres de l'amour*, in *Œuvres complètes, op. cit.*, tome XIV, p. 26.
170. *Ibid.*, p. 31.
171. Søren Kierkegaard, *Post-scriptum aux Miettes philosophique,* in *Œuvres complètes, op. cit.*, tome X, p. 81.
172. *Ibid.*, p. 103.

commencement absolu, idée qui, comme celle de l'être pur, « est une pure chimère [173] ». L'existence est un système, mais pour Dieu seulement, elle ne peut l'être pour un esprit existant. Le système est un monde clos, et l'existence est le contraire d'un monde clos. L'existence tient les choses distinctes. L'histoire du monde, au contraire, est celle de l'espèce. On ne peut découvrir l'éthique dans l'histoire du monde [174]. L'éthique concerne l'individu. C'est l'intention qui fait qu'un acte est celui d'un individu, alors que dans l'histoire universelle, seule importe l'intention historique générale. Si on a le sens éthique, on n'a pas de temps pour s'occuper de l'histoire du monde.

Devenir subjectif est un but suffisant dans la vie d'un homme. Dans l'opuscule *Sur mon œuvre d'écrivain* (1851), Kierkegaard oppose l'individu et le public, la masse. On peut lire : « Le religieux, c'est le sérieux et le sérieux, c'est l'individu ; simplement chacun sans exception, en homme qu'il est en effet, peut et doit être l'Individu [175] ». L'individu doit viser le *telos* absolu, la félicité éternelle. C'est une tâche difficile que de s'y rapporter de façon absolue. Il faut renoncer totalement à tout ce qui n'est pas le *telos* absolu. L'individu doit exprimer existentiellement son orientation vers lui, car se contenter de paroles est seulement d'ordre esthétique. Il faut que l'individu ait son rapport avec le *telos* absolu toujours en soi tout en demeurant parmi les buts relatifs de l'existence. Seule est grande la passion pour le *telos* absolu. Dans la correspondance entre Paul Engelmann et Ludwig Wittgenstein, les correspondants louent Kierkegaard pour avoir jugé que seule la passion fait accomplir de grandes choses, et pour avoir déploré que peu d'hommes soient capables de passion dans leur

---

173. Søren Kierkegaard, *Post-scriptum aux Miettes philosophique,* in *Œuvres complètes, op. cit.,* tome X, p. 106.
174. *Ibid.*, p. 145.
175. Søren Kierkegaard, *Sur mon œuvre d'écrivaiin Œuvres complètes, op. cit.*, tome XVII, p. 270.

temps [176]. Dans les *Œuvres de l'amour*, Kierkegaard souligne que le christianisme, « sur le plan strictement humain, [...] a fait de tout rapport interindividuel une affaire de conscience [177] ». Le chrétien doit tout faire par conscience devant Dieu. Le christianisme opère en silence la transformation de l'infini. Le christianisme s'adresse à l'intériorité dans le silence de la conscience et alors que le monde réclame ses révolutions et ses changements extérieurs à grand bruit, le christianisme opère ses transformations dans le calme et le silence. Le christianisme « entend tout imprégner de conscience [178] ».

Dans l'essai *La Dialectique de la communication éthique et éthico-religieuse* (1847) resté inachevé, Kierkegaard critique les journaux et le développement de la presse à son époque, qui conduisent à faire de l'opinion de la foule le critère de la vérité et non à la singularité de la conscience [179]. Il souligne que « l'éthique et l'éthico-religieux doivent se communiquer sur le plan de l'existence et dans le sens de l'existentiel [180] ». La vérité éthico-religieuse ne peut être révélée qu'entre un « je » et un autre « je ». Elle concerne la personnalité. L'individu qui veut être lui-même vit dans la solitude et le secret. Dans son essai *Heidegger et Kierkegaard* [181], Jean Wahl insiste sur le fait que la lutte de Kierkegaard devant les journaux et l'opinion de la foule a inspiré Heidegger. Les lecteurs de journaux sont interchangeables dit l'auteur de *L'Être et le Temps*, et le « on » s'impose face à l'existence authentique. Le « on » se manifeste

---

176. Paul Engelmann, *Notes sur Ludwig Wittgenstein*, Ludwig Wittgenstein, Paul Engelmann, *op. cit.*
177. Søren Kierkegaard, *Les Œuvres de l'amour*, in *Œuvres complètes*, *op. cit.*, tome XIV, p. 124.
178. *Ibid.*, p. 124.
179. Søren Kierkegaard, *La Dialectique de la communication éthique et éthico-religieuse*, in *Œuvres complètes*, *op. cit.*, tome XIV, , pp. 361-381.
180. *Ibid.*, p. 374.
181. Jean Wahl, *Heidegger et Kierkegaard*, in *Kierkegaard l'Un devant l'Autre*, Paris, Hachette, 1998.

par cet anonymat. Le monde moderne s'intéresse à l'histoire des États et de l'espèce humaine, alors que ce qui seul importe est l'individu dans sa singularité. L'existant doit chercher d'abord le royaume de Dieu. Dans le *Post-scriptum définitif et non scientifique aux Miettes philosophiques* [182], Kierkegaard loue Lessing d'avoir compris ce qu'est le stade religieux et que celui-ci le concerne lui seul et non l'histoire du monde ou le système. Lessing est resté dans la solitude et le secret. Kierkegaard juge que « plus le monde et les hommes deviennent objectifs, plus aussi sont difficiles les catégories religieuses qui résident justement dans la subjectivité, et c'est pourquoi la prétention d'avoir à l'égard du religieux une attitude historique, scientifique, objective, exagère presque dans l'irréligion [183] ». Le penseur objectif est indifférent à l'égard de son existence, tandis que le penseur subjectif est intéressé à sa pensée dans laquelle il est existant. Le penseur subjectif vit dans le devenir et ne peut communiquer que par communication indirecte.

Le penseur existant subjectif ne peut lui que tendre vers la sphère de l'infini. Au contraire, quand il s'égare dans la réflexion, l'individu s'objective et ne peut plus prendre de décision et retourner à lui-même [184]. Le système est un monde clos, et l'existence est tout le contraire d'un monde clos. Lessing a, à bon droit, insisté sur l'effort continu qui caractérise tout existant. La philosophie de Lessing, contrairement au système hégélien, met l'éthique au premier plan. Philosopher, c'est s'adresser à des existants, et l'effort continu est ce qu'il faut leur recommander. L'achèvement est une catégorie esthétique et non éthique, qui n'est valable que pour des êtres imaginaires. Kierkegaard, au contraire, souligne que « l'effort continu

---

182. Søren Kierkegaard, *Post-scriptum aux Miettes philosophique*, « À propos de Lessing », in *Œuvres complètes*, *op. cit.*, tome X, volume I, p. 63.
183. *Ibid.*, p. 64.
184. Søren Kierkegaard, *Post-scriptum aux Miettes philosophique*, in *Œuvres complètes*, *op. cit.*, tome X, volume I, p. 110.

exprime la conception éthique que le sujet existant se fait de la vie [185] ». L'idée qui caractérise le système idéaliste, et notamment celui de Fichte, est celle du sujet-objet, de l'unité de la pensée et de l'être, mais Kierkegaard pense que l'existence est ce qui les sépare. L'existence sépare la pensée de l'être. Le fait d'être homme compte davantage que de s'identifier abstraitement à toute l'humanité.

Dans son œuvre de jeunesse, *Le Concept d'ironie* (1841), Kierkegaard fait gloire à Kant d'avoir débarrassé la philosophie moderne du dogmatisme, et estime que la doctrine de la chose en soi fut le point faible du système de Kant. Fichte s'est attaqué à la chose en soi de Kant et fit du « je » une chose en soi. Fichte fit du « je » une identité abstraite et libéra le raisonnement, mais l'infini du raisonnement qu'il déploie est un infini d'ordre négatif [186]. L'idéalisme de Fichte fait disparaître la réalité. La subjectivité devient la négativité infinie et absolue. Fichte ne se commet pas avec la réalité. La force du « je » n'a rien à quoi elle puisse s'appliquer. Schlegel et Tieck suivirent Fichte et confondent réalité métaphysique et réalité historique. Le christianisme ne s'adresse pas au « je » de l'idéalisme, mais à l'individu, à chacun en particulier. Comme l'écrit Kierkegaard : « La piété réside justement dans la subjectivité ; on ne devient pas pieux objectivement [187] ». La tâche proposée à tout homme est le devenir subjectif et c'est ce dont l'éthique a à juger. Le devenir subjectif se caractérise par le risque. Le penseur subjectif vit dans l'inquiétude. Il est l'unique qui ne vit sa foi et ne peut la vivre que dans la solitude. Comme le souligne Jean Wahl, Kierkegaard « prévoit la venue de l'Unique, comme Nietzsche celle du surhomme [188] ». Seul l'Unique a une relation

---

185. Søren Kierkegaard, *Post-scriptum aux Miettes philosophique*, in *Œuvres complètes*, *op. cit.*, tome X, volume I, p. 115.
186. *Ibid.*, p. 247.
187. *Ibid.*, p. 124.
188. *Ibid.*, p. 270.

avec Dieu, l'espèce ne l'a pas. Il n'y a pas de commune mesure entre l'Unique au sens religieux et l'Unique au sens esthétique. L'esthétique peut connaître des génies, des créateurs inspirés, des êtres supérieurs aux autres par le talent, alors que l'Unique religieux se sent le même que les autres. Dans le stade religieux, le particulier devient plus haut que le général, ce que l'esthétique nous faisait pressentir par le phénomène du génie si important pour la pensée romantique.

Contrairement à ce qu'affirme la philosophie moderne, et notamment l'idéalisme – qu'il s'agisse de celui de Fichte ou de celui de Hegel –, « toute connaissance essentielle concerne l'existence, ou seule la connaissance qui a essentiellement trait à l'existence est essentiellement connaissance [189] ». La connaissance se rapporte au sujet connaissant qui est un existant, et toute connaissance importante se rapporte au fait d'exister. C'est pourquoi, seules les connaissances éthiques et éthico-religieuses sont essentielles. L'existant vit dans le devenir. Chez un existant, le plus haut degré d'intériorité consiste dans la passion, Kierkegaard ajoute : « […] passion à laquelle correspond la vérité en tant que paradoxe ; et le fait pour la vérité de devenir le paradoxe se fonde précisément dans le rapport qu'elle soutient avec un sujet existant [190] ». Quand la réflexion porte sur la connaissance de Dieu, objectivement, elle porte sur un concept, subjectivement, sur le fait que l'individu se rapporte dans son intériorité avec Dieu. Dieu est sujet et ne l'est que pour la subjectivité. Un existant se saisit de Dieu en vertu de la passion infinie de l'intériorité. Celui qui vit la passion de l'infini vit la certitude de l'immortalité, qui réside dans la subjectivité. Socrate se demande s'il y a immortalité. Mais il n'est pas sceptique : il s'engage avec la passion de l'infini sur le « si ». Il risque la mort et décide de la rendre

---

189. Søren Kierkegaard, *Post-scriptum aux Miettes philosophique*, in *Œuvres complètes*, *op. cit.*, tome X, volume I, p.184.
190. *Ibid.*, p. 185.

acceptable. Il n'y a pas de meilleure preuve de l'immortalité de l'âme, juge Kierkegaard. Pour un existant comme l'était Socrate, la vérité éternelle doit rester un paradoxe.

Dans le stade esthétique, la contradiction qui surgit lorsqu'un personnage travestit la vérité et ment se manifeste par le comique. Dans les stades éthique et religieux, la vérité se manifeste par le rapport de l'existant avec ce qu'il dit. L'existant est dans le temps, et quand la passion décide, la décision n'est pas pour autant achevée, et c'est dans l'effort que l'existant doit vivre sa passion de l'infini. L'existant vit dans l'incertitude. L'homme de foi vit dans l'incertitude également, et s'il n'y a pas de risque, il n'y a pas non plus de foi. Kierkegaard le rappelle, « la foi est justement la contradiction entre la passion infinie de l'intériorité et l'incertitude objective [191] ». Le paradoxe apparaît lorsque la vérité éternelle se rapporte à un existant. Le paradoxe n'est pas l'ignorance ni l'incertitude objective, mais plus il y a de certitude objective, moins il y a d'intériorité. La foi implique le risque, qui, objectivement, est l'absurde. Kierkegaard définit l'absurde : « Il consiste en ce que la vérité éternelle s'est réalisée dans le temps, en ce que Dieu est venu au monde, est né, a grandi, etc., et a paru exactement comme l'homme ordinaire que rien ne distingue d'un autre [192] ». Le christianisme est le paradoxe en se présentant comme la vérité éternelle manifestée dans le temps. Il n'est pas une doctrine, ni un ensemble de dogmes, et il échappe donc à la spéculation telle qu'on la trouve par exemple dans le système de Hegel. Le croyant ne peut tirer aucun bénéfice de sa raison, mais l'engage dans le désespoir, tandis que le spéculant rend la raison suffisante, et croit que la raison n'a aucune occasion de désespérer. La foi doit découvrir à chaque instant le paradoxe, et le maintenir dans la passion de

191. Søren Kierkegaard, *Post-scriptum aux Miettes philosophique*, in *Œuvres complètes*, *op. cit.*, tome X, volume I, p. 190.
192. *Ibid.*, p. 196.

l'intériorité. Kierkegaard insiste : « Là où la raison désespère, la foi est déjà à l'œuvre pour rendre le désespoir vraiment décisif afin que le mouvement de la foi ne se transpose pas dans le domaine de la raison disputeuse [193] ». Croire contre la raison est un martyre.

Kierkegaard considère que vouloir réduire la foi chrétienne à la seule spéculation est le grand mal de son époque. Il rend hommage à Hamann et à Jacobi qui, chacun à sa façon, a protesté contre l'idée d'un système de l'existence. Toute l'œuvre de Kierkegaard s'est donné pour mission de lutter contre cette idée et, comme on l'a vu et comme il le dit lui-même, « de montrer [d'abord] la genèse du rapport existentiel entre l'esthétique et l'éthique chez l'individu existant [194] ». Kierkegaard avait publié *L'Alternative* sous le pseudonyme de Victor Eremita, communication indirecte oblige, et s'était donné déjà pour tâche de lutter contre la spéculation, indifférente à l'existence, en montrant au contraire le rapport existentiel de l'esthétique et de l'éthique chez l'existant [195].

La lutte de Kierkegaard contre la spéculation abstraite n'est pas une condamnation de la philosophie, mais une revendication de l'intériorisation des données de la révision du monde par la personne humaine. À une époque de l'humanité à laquelle on insiste sur la perte de repère et de sens, Kierkegaard me paraît nous être d'autant plus précieux que ces interrogations ont été les siennes et qu'il a tenté d'y répondre.

---

193. Søren Kierkegaard, *Post-scriptum aux Miettes philosophique,* in *Œuvres complètes, op. cit.,* tome X, volume I, p. 216.
194. *Ibid.,* p. 231-232.
195. *Post-scriptum,* Appendice au chapitre II de la deuxième section de la deuxième partie du volume I, *op. cit.,* p. 234.

CONCLUSION

La pensée de Kierkegaard a été l'objet d'interprétations diverses, chez les philosophes et les théologiens. On s'est demandé si l'auteur danois était un philosophe ou un penseur religieux. Je pense que la théorie des stades, essentielle dans son œuvre, est le signe qu'il est un philosophe. Il s'interroge sur les choix de vie que tout homme peut être amené à faire et les conséquences de ces choix pour chaque être humain. Il y a une anthropologie de Kierkegaard. Celle-ci, malgré son admiration pour ce penseur, n'est pas celle de Hamann. Celui-ci est un penseur religieux puissant et un prophète, d'où le surnom qu'on lui a donné de « Mage du nord ». Kierkegaard s'interroge sur la nature de l'homme, sur ses expériences de vie, sur ses « tonalités affectives » comme le dit Bollnow.

On a fait de lui le père de l'existentialisme. Il est surtout un philosophe qui s'attache à l'individu, à ce qui donne un sens à sa vie, à ce qui le singularise face à ces collectivités que sont la famille, l'Église et l'État. C'est une des raisons qui explique l'intérêt que lui portent les philosophes qui se réclament du « second Wittgenstein », celui-ci d'abord, mais aussi Stanley

Cavell ou Ernst Tugendhat et Iris Murdoch qui sont des philosophes de l'individu.

L'individu tel que le comprend Kierkegaard est esprit, esprit inquiet face à la réalité, que ce soit celle de son moi, de l'objet ou de Dieu. Philosophe de l'inquiétude, celle du désespoir ou celle de la foi, Kierkegaard nous apprend l'importance d'accepter le risque qui seul donne un sens à notre vie, le risque d'affronter le paradoxe de la foi qui nous réveille de la torpeur dans laquelle nous font vivre les idéologies de son temps. La théorie des stades a le grand mérite de montrer, contrairement à une thèse défendue par le siècle des Lumières − et notamment par Kant et le jeune Fichte − qui veut que la religion morale seule mérite d'être appelée religion, qu'il faut procéder à un examen critique des religions révélées à partir de la religion morale pure. Pour ces philosophes, Dieu est d'abord législateur moral. Pour Kierkegaard, au contraire, et il comprend mieux, à mes yeux, l'essence des religions révélées, les stades éthique et religieux s'opposent et, comme le montre avec profondeur *Crainte et Tremblement,* la foi peut imposer des épreuves gouvernées non par la morale, mais par l'amour. C'est l'amour le cœur de la religion, et non l'idéal moral. Abraham et Job sont animés par l'amour et non par le respect de quelque loi morale, comme l'a bien compris Léon Chestov. Le Christ n'est pas venu pour enseigner un code moral aux hommes, contrairement à la conviction de Kant, mais pour apprendre aux hommes que Dieu les aime. Kierkegaard s'oppose non seulement à la métaphysique dogmatique du grand siècle, mais plus encore au rationalisme du siècle des Lumières. Certes, il admire certaines grandes figures de celui-ci, tels Lessing, à cause de son honnêteté et de son scepticisme vis-à-vis du pouvoir de la raison, mais réduire la révélation à un message rationaliste moral lui paraît un contresens. Sur ce point, il comprend mieux, à mes yeux, l'essence des religions révélées, et notamment du christianisme que Kant, Fichte dans sa jeunesse ou Hegel. La critique menée par Kierkegaard dans ses derniers textes contre

106

les institutions, contre l'Église d'État ou la dissolution du religieux dans le politique fait de lui un défenseur de l'individu contre la civilisation de masse que va connaître le vingtième siècle et un héraut de la liberté intérieure de l'individu. Sa philosophie est un antidote contre les systèmes et une glorification de la liberté de penser et d'agir de l'individu. C'est pourquoi Kierkegaard mérite d'être lu aujourd'hui plus que jamais. En ce sens, il annonce le premier Sartre, Gabriel Marcel et Jaspers. Adorno lui reproche son idéalisme mais il ne s'interroge pas sur la dialectique kierkegaardienne de l'intérieur et de l'extérieur. N'ayant pas interrogé les écrits pseudonymiques de Kierkegaard, Adorno le rattache à l'idéalisme et au romantisme et ne voit pas que le sujet de Kierkegaard n'est sujet que s'il confère un sens à l'objectivité. Kierkegaard n'est pas seulement un penseur de la subjectivité. Il comprend l'intériorité humaine et les « tonalités affectives » mieux que les penseurs du système et de l'histoire et développe une psychologie aux antipodes de celle de la fin du vingt et unième siècle, mais que celle-ci aurait tout intérêt à méditer.

BIBLIOGRAPHIE

I. Œuvres de Kierkegaard

Œuvres complètes, trad. Paul-Henri Tisseau et Else-Marie Jacquet-Tisseau, Paris, Éditions de l'Orante, 1966-1986, 20 volumes.

Œuvres, traduction et annotations Régis Boyer et Michel Forget, Paris, coll. « La Pléiade », Gallimard, 2018, 2 tomes.

Correspondance, traduction, présentation et annotations Anne-Christine Habbard, Paris, Éditions des Syrtes, 2003.

II. Œuvres sur Kierkegaard

Kairos, n° 10, Toulouse, Presses universitaires du Mirail, 1997.

Léon Chestov, *Kierkegaard et la philosophie existentielle*, traduction Tatiana Rageot et Boris de Schloezer, Paris, Vrin, 3ᵉ édition, 2006.

André Clair, *Pseudonymie et Paradoxe. La pensée dialectique de Kierkegaard*, Paris, Vrin, 1976.

Jacques Colette, *Kierkegaard et la non-philosophie*, Paris, Gallimard, 1994.

Jacques Colette, *Dialectique et Phénoménologie*, Bruxelles, Ousia, 2008.

Johannes Hohlenberg, *L'Œuvre de Søren Kierkegaard. Le chemin du solitaire*, traduction Paul-Henri Tisseau, Paris, Albin Michel, 1960.

Hélène Politis, *Le Vocabulaire de Kierkegaard*, Paris, éd. Ellipses, 2015.

Hélène Politis, *Le Concept de philosophie constamment rapporté à Kierkegaard,* Paris, Kimé, 2009.

Henri-Bernard Vergote, *Sens et Répétition. Essais sur l'ironie kierkegaardienne*, Paris, Le Cerf/Orante, 1982.

Nelly Viallaneix, « Kierkegaard et le romantisme », in *Romantisme*, n° 8, 1974 (numéro thématique sur écriture et désir).

Jean Wahl, *Études kierkegaardiennes*, Paris, Vrin, 1967 (3ᵉ éd.).

Jean Wahl, *Kierkegaard. L'Un devant l'Autre*, Paris, Hachette, 1998.

II. Autres ouvrages

Otto Friedrich Bollnow, *Les Tonalités affectives*, traduction Lydia et Raymond Savioz, La Baconnière, Neuchâtel, 1953.

Stanley Cavell, *Dire et vouloir dire*, traduction Sandra Laugier et Christian Fournier, Paris, Le Cerf, 2009.

Maurice Drury, *Conversations avec Ludwig Wittgenstein*, traduction Jean-Pierre Cometti, Paris, PUF, 2002.

Johann Gottlieb Fichte, 1800, 1995, *La Destination de l'Homme*, traduction de J.C. Goddard, Paris, Flammarion.

Friedrich Schelling, 1809, 1988, *Recherches Philosophiques sur l'essence de la liberté humaine*, traduction Gilson B., Paris, Vrin.

Ernst Tugendhat, *L'Homme égocentré et la Mystique*, traduction et présentation de Jean-Marc Tétaz, Paris, Éditions de la Maison des sciences de l'homme, 2010.

Ludwig Wittgenstein, Paul Engelmann, *Lettres, rencontres, souvenirs*, sous la direction d'Ilse Somavilla, traduction François Latraverse, Paris, Éditions de L'Éclat, 2010.

Dépôt légal : novembre 2019
Impression à la demande : Lulu Press, Inc.
Raleigh (NC-USA)
http://www.lulu.com

www.ingramcontent.com/pod-product-compliance
Lightning Source LLC
Chambersburg PA
CBHW072238290326
41934CB00008BB/1331